AF366193

CAHIERS CHRONOLOGIQUES

ÉDITION ABRÉGÉE

G
5109

CAHIERS CHRONOLOGIQUES

DE

L'HISTOIRE UNIVERSELLE

DIVISÉE PAR SIÈCLES

CONTENANT

1o Un Tableau général de l'Histoire ;
2o Les Caractères saillants de chaque Siècle ;
3o Les Événements principaux classés chronologiquement ;
4o Les Hommes célèbres groupés par Nations ;
5o Les Femmes célèbres groupées par Nations ;

TOUT CE QUI CONCERNE

La Religion, l'Histoire, la Littérature, les Sciences et les Arts

DEPUIS L'ORIGINE DU MONDE JUSQU'A NOS JOURS

Par A. COLIN

ÉDITION ABRÉGÉE

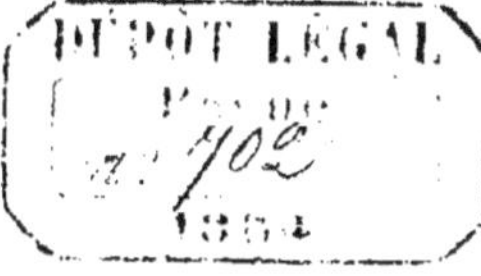

LYON

VITTE ET PERRUSSEL, IMPRIMEURS-ÉDITEURS

3 et 5, Place Bellecour, 3 et 5

1884

OBSERVATIONS

1º Le Professeur voudra bien remarquer, dans l'ensemble de ces tableaux, *deux manières* de résumer l'histoire : à droite, le *caractère* du siècle et la *suite chronologique* des faits ; à gauche, le *grand homme* qui domine le siècle, et toutes les *nations représentées* séparément par leurs personnages célèbres ; aspects différents qui se complètent, pour faciliter l'étude si compliquée de l'histoire et de l'humanité.

2º Chaque tableau n'étant que le *sommaire* d'une période historique, l'Elève ne devra point y chercher de détails, mais il s'en servira très utilement, soit pour résumer chaque période déjà étudiée dans l'histoire, soit pour se la représenter d'avance et l'étudier ensuite.

3º Les personnages historiques n'étant pas ordinairement placés en regard des événements auxquels ils ont pris part, mais toujours *groupés par nations*, l'Elève apprendra séparément le tableau des événements, puis celui des grands hommes, ou réciproquement, et aura à établir lui-même le rapport des faits aux personnages.

4º Les noms des *Femmes illustres* sont imprimés en italiques, pour que l'Elève les distingue immédiatement. Les jeunes filles y trouveront un intérêt particulier.

5º Les événements et les personnages relatifs à l'*Histoire sacrée* sont indiqués par UN ASTÉRISQUE, pour que l'élève puisse en établir la suite plus facilement ; ceux qui sont relatifs à l'*Histoire des Gaules et de la France*, sont indiqués par DEUX ASTÉRISQUES.

AVIS IMPORTANT

L'Elève devra *apprendre* et *réciter* chaque tableau, en ayant *un Atlas* sous les yeux, de manière *à voir*, puis *à montrer* constamment le lieu où chaque événement s'est passé ; exercice varié et intéressant, *absolument nécessaire* pour que nos cahiers atteignent leur but, et que l'élève expérimente par son travail, et prouve par son savoir cette vérité bien connue, mais trop négligée dans l'application :

La *Chronologie* et la *Géographie* sont les yeux de l'histoire.

Lyon, 1er mai 1884.

DIVISIONS DE L'HISTOIRE

HISTOIRE SACRÉE	4963 ans av. J.-C.	HISTOIRE PROFANE

Histoire Sainte. . . . . . Création du Monde. . . . . . Histoire Ancienne.

Siècles

50ᵉ Origine de l'Homme.

31ᵉ Origine des Peuples.

? Indiens. — Chinois. — Scythes. — Japonais.

? Ethiopiens. — Numides. — Mauritaniens.

? Cimbres. — Celtes. — Basques. — Ibères.

25ᵉ Egyptiens.

23ᵉ Hébreux. — Chananéens. — Arméniens. — Syriens. Perses. — Mèdes.

20ᵉ Assyriens.

17ᵉ Phéniciens. — Grecs

16ᵉ Troyens. — Lydiens.

9ᵉ Carthaginois.

8ᵉ Macédoniens. — Romains Babyloniens et Ninivites.

3ᵉ Parthes.

1

Histoire de l'Église. . . . Naissance de Jésus-Christ.

3ᵉ Nouveaux Persos.

50 siècles.

55 siècles.

Francs ou Français. — Vandales. — Saxons.

19 siècles.

476

Chute de l'Empire Romain. . . . Histoire du Moyen-Age.

10 siècles.

5e **Grecs** du Bas-Empire.
6e Ostrogoths. — Lombards. — **Espagnols.** — Angles.
7e **Arabes.** — Slaves. — Avares. — Bulgares.
8e **Maures.** — Suédois. — Norvégiens. — Danois.
9e **Anglais.** — **Allemands.** — Russes. — Polonais.
10e Normands. — Hongrois.
11e **Turcs.** — Napolitains et Siciliens.
12e **Portugais.**
? Péruviens. — Mexicains. — Malais.
13e **Mongols.**
14e **Suisses.**

1453

Chute de l'Empire d'Orient. . . . . Histoire Moderne.

3 siècles.

16e Hollandais.

18e Anglo-Américains.

1789

Révolution Française. . . . . Histoire Contemporaine.

1 siècle

19e Belges. — Grecs modernes.

1884. . . . . Époque actuelle.

PREMIÈRE PARTIE

———

HISTOIRE ANCIENNE

4963 ans avant J.-C. à 476 ans après J.-C.

Du 34ᵉ au 24ᵉ siècle.

NOÉ.   NEMROD.   MÉNÈS.   YAO.

34ᵉ siècle.

* ASIE.......... **NOÉ.**
SEM. — CHAM. — JAPHET.

30ᵉ siècle.

* ASIE.......... **Arphaxad. — Lud. — Aram. — Madaï. — Elam.**
Chanaan. — HÉBER.
Fo-Hi.

AFRIQUE....... **Chus. — Mesraïm. — Phut.**

EUROPE........ **Mosoch. — Gomer. — Javan.**

27ᵉ siècle.

ASSYRIE....... **NEMROD.**
Assur.

CHINE.......... **Houang-Ti.**

25ᵉ siècle.

* CHALDÉE...... **Tharé.**

ÉGYPTE........ **MÉNÈS.**

24ᵉ siècle.

CHINE......... **YAO.**
Conteur et fabuliste : **Pilpay.**

ÉGYPTE........ **Chéops. — Chéprem.**
Architectes Égyptiens.

Temps primitifs Postdiluviens. — Origine des Peuples. Premiers royaumes en Asie et en Afrique.

34ᵉ siècle.

      * Corruption des hommes. — Race des Géants.

      * Mission de Noé. — Construction de l'Arche.

3308   * **Déluge universel ou Asiatique.**

30ᵉ siècle.

2907   * **Construction de la Tour de Babel.**

      * **Dispersion des descendants de Noé.**

      * **Origine des Hébreux.**

      Origine des Chinois et des Indiens.

27ᵉ siècle.

2640   **Fondation de Babylone.**

—   **Fondation de Ninive.**

25ᵉ siècle.

2467   **Fondation de Memphis.**

—   Origine du royaume d'Egypte.

—   Législation Egyptienne.

24ᵉ siècle.

2357   Prospérité de l'Empire Chinois.

      Premières pyramides d'Egypte.

      Architecture Egyptienne.

23e siècle.	22e siècle.	21e siècle.
ABRAHAM.	JACOB.	MOERIS.

23ᵉ siècle.

* PALESTINE..... **ABRAHAM. — Loth.** — *Sara.* — *Agar.*
  MELCHISEDECH.
  Isaac. — Ismaël. — Madian. — *Rebecca.*
  Ammon. — Moab.

* PERSE......... **Chodorlahomor.**

22ᵉ siècle.

* PALESTINE...... **JACOB** ou **Israël. — Esaü** ou **Edom.**
  Lia. — Rachel.

* MESOPOTAMIE... **Laban.**

21ᵉ siècle.

* PALESTINE..... **Ruben. —JUDA. — LÉVI. — Siméon. —JOSEPH.**
  Benjamin. — Job.

ÉGYPTE........ **MŒRIS.**

Commencement de l'Idolâtrie. — Vocation du Peuple Hébreu.

23e siècle.

2296   * **Vocation d'Abraham.**
—   * **Deuxième promesse d'un Messie.**
2281   * **Sacrifice de Melchisédech.**
2267   * **Ruine de Sodome.**
   * *Histoire d'Agar.*
2241   * **Sacrifice d'Abraham.**
—   * **Troisième promesse d'un Messie.**

22e siècle.

2119   * Vision et Vocation de Jacob.
—   * **Quatrième promesse d'un Messie.**

21e siècle

2096   * **Joseph vendu par ses Frères.**
   * Gloire de Joseph en Egypte.
2059   * Mort de Jacob en Egypte.
—   * **Cinquième promesse d'un Messie.**
   * Esclavage des Israélites en Egypte.
2040   Règne de Mœris en Egypte.
2003   * **Histoire de Job.**

20e siècle.   19e siècle.   18e siècle.
SÉMIRAMIS.   OGYGÈS.   AMÉNOPHIS.

20e siècle.

ASSYRIE........ **BÉLUS.**
Ninus. — *SÉMIRAMIS.*
Architectes Assyriens.

GRÈCE.......... **Inachus** ou **Phoronée.**
Architectes Cyclopéens.

19e siècle.

GRÈCE.......... **Ephyre.**
OGYGÈS.

18e siècle.

EGYPTE......... **AMÉNOPHIS.**
Amram. — *Jacubeb.* (Israélites).

Temps mythologiques. — Premier empire Assyrien, Colonisation de la Grèce.

20e siècle.

1993 **Premier empire d'Assyrie.**
Les Pélasges en Grèce.
Architecture Cyclopéenne.

1986 **Fondation d'Argos.**
— Premières industries en Grèce.

1965 Expédition assyrienne en Bactriane.
Embellissements de Ninive.

1916 *Règne glorieux de Sémiramis.*
Expédition assyrienne dans l'Inde.
Embellissements de Babylone.
Architecture assyrienne.

19e siècle.

1900 **Fondation de Corinthe.**
Premier Déluge en Grèce.

18e siècle.

1725 * Dure condition des Israélites en Egypte.
Conquêtes des Egyptiens en Ethiopie.
* Naissance de Moise.
* Cruauté du Pharaon.

17e siècle.   16e siècle.   15e siècle.

MOISE.   CADMUS.   RAMSÈS-LE-GRAND.

17e siècle.

* PALESTINE...... **MOISE. — AARON.** — *Marie.*
JOSUÉ. — Caleb. — *Rahab.*
Historien et poète : **MOISE.**

ARABIE........ **Jethro.** — *Sephora.*

* MÉSOPOTAMIE... **Balaam.**

ÉGYPTE .... **Sésostris** ou **Ramsès II.**

GRÈCE .... **CÉCBOPS.** — **Deucalion.**

16e siècle.

* PALESTINE.... **Othoniel.**

ASIE MINEURE.. **Dardanus.**

ÉGYPTE........ **Osymandias.**

GRÈCE......... **Amphictyon. — HELLEN.**
CADMUS. — Sparton.
Musicien et Poète : **Amphion.**

15e siècle.

ÉGYPTE........ **RAMSÈS III, LE GRAND.**

CRÈTE........ **MINOS.** — Eaque. — **Rhadamante.**
Inventeur : **Dédale.**

GRÈCE........ **Dorus. — Eolus. — Ion. — Achæus.**

Temps miraculeux. — Loi écrite.
Premiers royaumes en Gréce et en Asie Mineure.
Prospérité de l'Egypte.

17e siècle.

1645	* **Mission de Moïse.**
—	* Délivrance des Israélites.
—	* Passage de la Mer Rouge.
	* Victoire de Josué sur les Amalécites.
—	* **Loi donnée sur le Mont Sinaï.**
	* **Législation des Hébreux.**
	* Création du Sanhedrin. — Election d'Aaron.
	* Les Quarante ans dans le désert.
	* **Construction de l'Arche d'alliance.**
—	**Règne glorieux de Sésostris en Egypte.**
	Embellissements de l'Egypte.
1643	**Fondation d'Athènes.**
—	Création de l'Aréopage.
	Deuxième déluge en Grèce.
1605	* Mort de Moïse. — Mission de Josué.
—	* **Entrée dans la Terre promise.**
—	* **Prise de Jéricho.**
?	Emploi du papier de papyrus chez les Egyptiens.
?	Invention de l'Ecriture alphabétique par les Phéniciens.

16e siècle.

1585	Conseil Amphictyonique.
1580	**Fondation de Thèbes.**
—	* Mort de Josué. — Gouvernement des Anciens.
1568	**Fondation de Troie.**
1562	* Première servitude des Israélites.
1554	* **Gouvernement des Juges en Israël.**
1516	**Fondation de Sparte.**
1514	* Deuxième servitude des Israélites.
?	**Bibliothèque de Thèbes.**

15e siècle.

1500	**Règne et Législation de Minos en Crète.**
	Familles helléniques en Grèce.
—	**Règne et conquêtes de Ramsès.**
	Invention des mâts et des voiles de navire (Dédale).

14ᵉ siècle.
HERCULE.

13ᵉ siècle.
AGAMEMNON.

14ᵉ siècle.

* PALESTINE..... *DÉBORA.*

GÉDÉON.

Booz. — *Ruth.* — *Noémi.* — *Orpha.*

GRÈCE......... Jason. — **HERCULE.** — Orphée.
Médée. — *Eurydice.*
THÉSÉE. — **Hippolyte.** — *Phèdre.*
Œdipe. — **Etéocle.** — **Polynice.**
Antigone. — *Ismène.*
Musicien et Poète : **Orphée**

13ᵉ siècle.

* PALESTINE..... **Jephté.**

ASIE MINEURE.. **PRIAM.** — **Hector.** — **Pâris.** — **Enée.** — **Laocoon.**
Andromaque.

GRÈCE......... **AGAMEMNON.** — **Ménélas.**
Hélène. — *Clytemnestre.* — *Hermione.* — *Iphygénie.*
ACHILLE. — **Ulysse.** — **Nestor.** — **Idoménée.**
Patrocle. — **Calchas.** — **Oreste.** — **Télémaqne.**
Pénélope.

Temps héroïques. — Expéditions grecques en Asie Mineure. Colonies grecques en Italie.

14e siècle.

1396	* Troisième servitude des Israélites.
—	* *Mission de Débora.*
	* Quatrième servitude des Israélites.
1549	* **Mission de Gédéon.**
	* *Histoire de Ruth.*
1330	**Expédition des Argonautes.**
	Institution des Jeux Olympiques.
1323	**Règne glorieux de Thésée à Athènes.**
—	Institution des Panathénées et des Jeux Isthmiques.
—	Histoire d'Hippolyte.
—	Règne d'Œdipe à Thèbes.
—	*Histoire d'Antigone.*
—	Institution des Jeux Néméens.
1313	Guerre de Thèbes.
—	Colonies grecques en Italie.
—	**Fondation de Tibur** (Tivoli).

13e siècle.

1280	**Guerre de Troie.**
1270	**Prise et ruine de Troie.**
1250	Colonie Troyenne en Italie.
	* Cinquième Servitude des Israélites.
1243	* **Mission et vœu de Jephté.**
	Fondation de Péking.

# 12e siècle. SAMSON.	# 11e siècle. DAVID.

12° siècle.

* PALESTINE..... **SAMSON.** — Héli. — *Anne.*

Historiens : Auteurs des Livres Saints, de **Moïse** à **David.**

GRÈCE........ **Cresphonte.** — *Mérope.*

Codrus. — **Médon:**

ITALIE........ **Ascagne.**

11e siècle.

* PALESTINE..... **SAMUEL.** — Isaï ou **Jessé.**

Saül.

DAVID. — Jonathas. — Absalon. — Nathan.

Bethsabée.

Prophète, musicien et poète : **David.**

PHÉNICIE....... **Hiram.**

GRÈCE........ Architecte : **TROPHONIUS.**

Puissance maritime et commerciale des Phéniciens.
Colonies grecques en Asie Mineure. — Emigrations Gauloises.

12ᵉ siècle.

	Colonies phéniciennes au Nord de l'Afrique.

Colonies phéniciennes au Nord de l'Afrique.
Malheurs de Mérope.
1175   **Fondation d'Albe-la-Longue.**
    * Sixième Servitude des Israélites.
1172   *** Mission et exploits de Samson.**
1160   Dévouement de Codrus.
—   Abolition de la royauté à Athènes.
—   Etablissement des Archontes.
    Soumission des Hilotes.
1152   *** Pontificat d'Héli.**
    * L'Arche Sainte au pouvoir des Philistins.
1130   **Fondation de Naples.**
1112   * Septième et dernière servitude des Israélites.
    **Emigrations gauloises en Espagne.
    Les Gaulois Ombriens en Italie.

11ᵉ siècle.

1092   *** Mission de Samuel, dernier juge.**
1080   *** Etablissement de la royauté chez les Israélites.**
1044   **Fondation de Milet et d'Ephèse.**
1040   **Régne glorieux d'Hiram, roi de Tyr.**
    Embellissements de Tyr.
—   *** Régne et Conquêtes de David.**
    *** Sixième promesse d'un Messie.**
1024   * Chute et pénitence de David.
1015   **Fondation de Smyrne.**
    Architecture grecque.
    Ordre Ionique et ordre Dorique.

10e siècle.
SALOMON.

9e siècle.
LYCURGUE.

10e siècle.

* PALESTINE..... **SALOMON.** — *LA REINE DE SABA.*

Roboam. — Jéroboam.

Achab. — *Jézabel.*

ÉLIE. — Élisée.

Josaphat.

Poète et moraliste : **Salomon.**

GRÈCE........ Poète : **HOMÈRE.**

9e siècle.

* PALESTINE..... *ATHALIE.* — Joad. — Jéhu.

Joas. — Zacharie.

PHÉNICIE...... Pygmalion. — *DIDON.*

LYCURGUE.

Prospérité et Gloire des Hébreux. — Temps Poétiques et Législatifs en Grèce. — Premières Colonies en Gaules.

10ᵉ siècle.

1000	* **Règne glorieux et paisible de Salomon.**
—	* **Construction du Temple de Jérusalem.**
962	* **Schisme des Tribus d'Israël.**
907	* **Impiété et crimes d'Achab.**
	* **Mission du Prophète Elie.**
904	* **Vertus et Victoires de Josaphat.**

9ᵉ siècle.

900	** **Colonies phéniciennes en Gaule.**
—	** **Fondation de Nîmes.**
879	Règne de Pygmalion à Tyr.
876	* **Impiété et crimes d'Athalie.**
866	**Législation de Sparte.**
860	**Fondation ou agrandissement de Carthage.**

8e siècle.

ROMULUS.

8ᵉ siècle.

* PALESTINE..... **Ezéchias. — ISAIE. — Achaz.**

      Osée. — Tobie.

      Prophète : **Isaïe.**

ASSYRIE....... **Sardanapale. — Arbacès. — Bélésis. — Phul.**

      Nabonassar. — Salmanasar. — Sennachérib.

MÉDIE......... **Déjocès.**

MACÉDONIE..... **Caranus.**

ITALIE........ **Numitor. —** *Rhéa Sylvia.*

      ROMULUS. — Tatius. — NUMA.

      Hersilie. — Tarpeia.

Commencement des temps historiques.—Siècle des trois Ères.
Commencements de Rome et de la Macédoine.

8ᵉ siècle.

—	**Origine du royaume de Macédoine.**
776	**Première Olympiade. — Ere des Grecs.**
772	* **Mission du Prophète Jonas à Ninive.**
759	Chute du Premier Empire d'Assyrie.
—	Trois royaumes Assyriens (Babylone, Ninive, Médie).
753	**Fondation de Rome. — Ere des Romains.**
	Enlèvement des Sabines.
	Création du Sénat.
747	**Règne de Nabonassar. — Ere des Assyriens.**
737	Règne et impiétés d'Achaz.
735	**Fondation de Syracuse.**
	Fondation de Tarente et de Sybaris.
	Prospérité de la Grande-Grèce.
733	**Fondation d'Ecbatane.**
723	* **Règne et Vertus d'Ezéchias.**
	* **Mission et Prophéties d'Isaïe.**
718	* **Fin du royaume d'Israël.**
—	* Histoire de Tobie.
714	**Règne et lois de Numa à Rome.**
	Première réforme du Calendrier.
712	Expédition de Sennachérib contre l'Egypte et la Judée.

7ᵉ siècle.

NABUCHODONOSOR.

7ᵉ siècle.

* PALESDINE......	**Manassès.** — *JUDITH.*
	Josias. — **Joachim.**
	JÉRÉMIE.
	Prophète : **Jérémie.**
ASSYRIE........	**Nabuchodonosor Iᵉʳ.** — **HOLOPHERNE.**
	NABUCHODONOSOR II.
MÉDIE........	**Cyaxare Iᵉʳ.**
ÉGYPTE.......	**Psammétique.** — **Néchao.**
GRÈCE........	**Aristomène.** — **Tyrtée.**
	Dracon.
	Poètes : **Tyrtée.** — *SAPHO.*
ROME........	**Tullus Hostilius.**
	Les **Horaces.** — *Camille.*
	Tarquin l'Ancien. — *Tanaquil.*

Second Empire d'Assysie. — Captivité des Israélites.

7e siècle.

. 694   * Crimes et pénitence de Manassès.

682   Guerre de Messénie.

* **Siège de Béthulie par Holopherne.**

* *Histoire de Judith.*

671   **Combat des Horaces et des Curiaces.**

—   Ruine d'Albe.

658   **Fondation de Byzance.**

625   **Ruine de Ninive.**

—   **Second Empire Assyrien.**

624   Législation tyrannique de Dracon.

617   **Voyage autour de l'Afrique par les Phéniciens.**

614   Embellissements de Rome sous Tarquin.

* **Mission et Prophéties de Jérémie.**

606   * **Premier Siège de Jérusalem, par Nabuchodonosor.**

—   * Première transmigration des Juifs à Babylone.

—   * **Commencement des soixante-dix ans de captivité.**

6ᵉ siècle.

CYRUS.

6ᵉ siècle.

* PALESTINE..... **Sédécias.**
DANIEL. — EZECHIEL. — *Suzanne.*
Zorobabel. — Aggée. — Malachie.
Prophètes : **Daniel. — Ezéchiel.**

ASSYRIE....... **Nabuchodonosor II. — Balthazar. —** *Nitocris.*

MÉDIE........ **Cyaxare II.**

PERSE........ **CYRUS. — Cambyse.**

CHINE........ Philosophe : **CONFUCIUS.**

INDE......... **Bouddha.**

ASIE MINEURE.. **Crésus. —** *Thomyris.*

ÉGYPTE .... **Psamménit.**

GRÈCE et colonies **SOLON. — Pisistrate.**
Télésilla.
Polycrate de Samos.
**   **Euxène.**
Philosophes : **Les sept Sages de la Grèce.**
    »   **THALÈS.**
    »   **PYTHAGORE. — Anaximandre.**
Poètes : **Anacréon. — Esope.**

ROME......... **Servius. — Tarquin le Superbe. —** *Tullie.*
BRUTUS. — *Lucrèce.* **— Collatin.**
Mucius Scévola. — Horatius Coclès. — *Clélie.*
Valérius Publicola.

ÉTRURIE....... **Porsenna.**

GAULE........ **Bellovèse. — Sigovèse. — *Gyptis.*

Empire Perse. — République Romaine.
Conquêtes et Colonies de Carthage.

6ᵉ siècle.

600 ** **Fondation de Marseille** (Massilia).
597   * Deuxième transmigration des Juifs à Babylone.
593   **Législation d'Athènes.**
—   République Athénienne.
—   Sage administration de Pisistrate.
590 ** Colonies Gauloises en Italie et en Germanie.
  Fondation de Milan et de Pavie.
587   * **Ruine de Jérusalem.**
—   * **Fin du royaume de Juda.**
—   * Troisième transmigration des Juifs à Babylone.
580   Réforme religieuse dans l'Inde : **Le Bouddhisme.**
572   **Prise de Tyr par les Assyriens.**
—   Construction de la Nouvelle Tyr.
—   Premières cartes géographiques (Anaximandre).
559   **Règne et Conquêtes de Crésus en Asie Mineure.**
547   Bataille de Thymbrée.
—   Conquête de la Lydie et de l'Asie Mineure, par Cyrus.
538   **Ruine de Babylone par les Persés.**
—   Chute du second Empire Assyrien.
—   **Empire Perse.**
536   * **Edit de Cyrus : Fin de la captivité des Juifs.**
—   * Reconstruction du Temple de Jérusalem.
—   * Gouvernement des Grands-Prêtres chez les Juifs.
525   **Conquête de l'Egypte par les Perses.**
516   * Dédicace du second Temple.
509   Tyrannie de Tarquin-le-Superbe.
—   **République romaine. — Création des Consuls.**
—   Sévérité et patriotisme de Brutus.
508   **Siège de Rome par Porsenna.**
  Athènes première puissance maritime de la Grèce.
  Exploration des côtes de l'Atlantique par les Carthaginois.

5e siècle.

PERICLÈS.

5ᵉ siècle.

* PALESTINE..... **Esdras. — Néhémie.**

PERSE........ **Darius Iᵉʳ. — Xerxès. — Artaxerxès-longue-main.**
* *ESTHER.* — **Mardochée.** (Juifs).
Artaxerxès Mnémon. — Cyrus-le-Jeune.
Philosophe : **Zoroastre ?**

ASIE MINEURE.. *ARTÉMISE I.*

GRÈCE........ **Miltiade. — Thémistocle. — Aristide.**
Léonidas.
Cimon. — PÉRICLÈS.
Anchitée. — Aspasie.
Alcibiade. — *Théano.*
Socrate. — *Xanthippe.*
Lysandre.
XÉNOPHON. — Cléarque.
Poètes : **Pindare.** — *Corinne.*
   »   **Eschyle. — Sophocle. — Euripide.**
   »   **Aristophane.**
Historiens : **HÉRODOTE. — Thucydide. — Xénophon.**
Philosophes : **Anaxagore. — Démocrite. — Héraclite.**
   »   **SOCRATE.**
Sculpteur : **PHIDIAS.**
Peintres : **Xeucis. — Parrhasius.**
Médecin : **HIPPOCRATE.**

ROME .... **Ménénius-Agrippa.**
Coriolan.
Véturie. — Volumnie.
Les Fabius. — Cincinnatus.
Appius Claudius. — *Virginie.*

Premier Siècle Liltéraire. — Gloire et rivalités des Grecs. Guerres médiques.

5e siècle.

496	Lutte entre les Patriciens et les Plébéiens de Rome.
—	Soulèvement des Latins contre Rome. — Création des Dictateurs.
494	**Retraite du peuple Romain sur le Mont-Sacré.**
—	Création des Tribuns.
492	**Siège de Corioles.**
490	**Première guerre Médique.**
—	**Bataille de Marathon.**
488	Dévoûment des trois cent six Fabiens.
—	Première proposition d'une loi agraire.
480	**Deuxième guerre Médique.**
—	**Batailles des Thermopyles et de Salamine.**
470	* *Histoire d'Esther.*
454	* **Reconstruction des murailles de Jérusalem.**
—	* **Commencement des soixante-dix Semaines de Daniel.**
451	Création des Décemvirs. — Législation romaine.
449	Traité de Cimon avec les Perses.
	Puissance de Périclès à Aihènes.
	Embellissements d'Athènes.
	Apogée de l'architecture grecque.
444	Création des Censeurs à Rome.
442	* Erection du Temple de Garizim; schisme Samaritain.
431	**Guerre du Péloponèse** (jusqu'en 404).
—	Peste d'Athènes. — Mort de Périclès.
415	Expédition Athénienne contre Syracuse.
404	**Bataille d'Egos-Potamos.**
—	**Prise d'Athènes par les Spartiates.**
—	Gouvernement des trente Tyrans.
—	Fin de la guerre du Péloponèse.
401	Expédition de Cyrus-le-Jeune. — Bataille de Cunaxa.
—	**Retraite des dix mille.**

4ᵉ siècle.

ALEXANDRE-LE-GRAND.

4ᵉ siècle.

⁕ JUDÉE......... **Jaddus.**
Historiens : Auteurs des Livres Saints, depuis **Esdras.**

EMPIRE PERSE. **Darius III Codoman.**
Memnon de Rhodes. — Bétis. — Bessus.
Sisygambis. — Statira.

INDE......... **Porus.**

ASIE MINEURE.. **Mausole. —** *Artémise II.*

GRÈCE et colonies **Agésilas.**
EPAMINONDAS. — Pélopidas.
PHOCION. — Démosthènes.
Démétrius de Phalères.
Philosophes : **Diogène.**
»   **PLATON. — ARISTOTE.**
»   **Zénon. — Pyrrhon. — Epicure.**
Orateurs : **DÉMOSTHÈNE. — Phocion.**
Poète : **Ménandre.**
Sculpteurs : **Lysippe. — Praxitèle.**
Peintres : **Apelles. — Protogène.**
Géomètre, mécanicien et inventeur : **Archytas.**

MACÉDOINE .... **Philippe II. —** *Olympias.*
ALEXANDRE-LE-GRAND. — *Roxane. — Eurydice.*
Antipater.
Parménion. — Ephestion. — Néarque.
Ptolémée. — Séleucus. — Lysimaque.
Démétrius Poliorcètes.

SICILE......... **Denys** le Tyran. — **Damoclès. — Denys** le Jeune.

ROME .... **Camille. — Manlius Capitolinus.**
Manlius Torquatus.

⁕⁕GAULE .... **Brennus Iᵉʳ** (ou le Brenn).

Empire Macédonien.

4ᵉ siècle.

400	**Condamnation et mort de Socrate.**
396	Expédition d'Agésilas en Asie.
395	**Siège de Véies.**
390	·* **Prise de Rome par les Gaulois.**
389	Conquêtes et tyrannie de Denys l'Ancien.
382	**Guerre de Sparte contre Thèbes.**
371	**Bataille de Leuctres.**
366	Création des Préteurs à Rome.
363	**Bataille de Mantinée.**
360	**Avènement de Philippe II, roi de Macédoine:**
359	Ses Expéditions en Thrace et en Illyrie.
—	Guerre sociale en Grèce.
356	**Guerres sacrées.**
347	Sièges de Méthone et d'Olynthe.
345	**Sièges de Périnthe et de Byzance.**
343	**Guerre entre les Romains et les Samnites** (70 ans).
—	Sévérité et patriotisme de Manlius Torquatus.
338	**Bataille de Chéronée. — Domination de Philippe.**
336	**Avènement d'Alexandre-le-Grand. — Ruine de Thèbes.**
334	**Conquêtes d'Alexandre en Asie. — Bataille du Granique.**
333	**Bataille d'Issus. — Prise de Damas.**
—	**Siège et prise de Tyr.**
332	* **Alexandre à Jérusalem.** — Prise de Gaza.
—	**Fondation d'Alexandrie.** — Soumission de l'Egypte.
331	**Bataille d'Arbelles.** — Fin de l'Empire Perse.
—	**Empire Macédonien.**
—	Entrée d'Alexandre à Babylone.
—	Ses expéditions dans la Haute-Asie et dans les Indes.
323	Mort d'Alexandre. — Premier partage de son empire.
—	**Ere des Lagides en Egypte.** — Prospérité.
321	Les Romains vaincus aux Fourches Caudines.
—	* Les Juifs passent sous la domination de l'Egypte.
311	**Ere des Séleucides en Syrie.**
	Sage gouvernement de Démétrius de Phalères à Athènes.
305	**Siège de Rhodes.**
301	**Bataille d'Ipsus.**
—	**Partage définitif de l'Empire d'Alexandre.**
	Architecture grecque: Ordre Corinthien.

3e siècle.

ANNIBAL.

3e siècle.

* JUDÉE......... **Eléazar.**
Traducteurs : Les **Septante.**

SYRIE .... **Séleucus Nicator.** — *Stratonice.*
ANTIOCHUS-LE-GRAND.

PARTHIE....... **Arsace Ier.**

ASIE MINEURE.. **Attale Ier.**
Nicomède Ier.
Géomètre : **ERATOSTHÈNE** (grec).

ÉGYPTE .... **PTOLÉMÉE SOTER.** — **Ptolémée Philadelphe.**
Ptolémée Evergète. — *Bérénice.*
Ptolémée Philopator.
Géomètre : **Euclide.**
Architecte : **Sostrate.**

CARTHAGE ..... **Amilcar.** — **ANNIBAL.** — **Asdrubal.**

NUMIDIE....... **MASSINISSA.** — **Syphax.** — *Sophonisbe.*

GRÈCE et colonies **Aratus.** — **PHILOPŒMEN.**

MACÉDOINE .... **Cassandre.** — **Ptolémée Céraunus.**
Philippe III.

EPIRE......... **Pyrrhus.** — **Cynéas.**

GAULE CISALPINE **Brennus II. — **Belgius.**

SICILE......... **Hiéron II.** — **Hiéronyme.**
Géomètre et inventeur : **ARCHIMÈDE.**

ROME .... **Fabricius.**
Duilius. — **RÉGULUS.** — **Lutatius.**
FABIUS. — Les **SCIPIONS.** — **MARCELLUS.**
Paul-Emile. — **Varron.**

Guerres Puniques. — Commencements des Parthes.

3ᵉ siècle.

300	**Fondation d'Antioche.**
290	Prospérité de l'Egypte sous Ptolémée Soter.
	Bibliothèque d'Alexandrie.
282	**Guerre Tarentine :**
—	Batailles d'Héracléc et de Bénévent.
280	** Les Gaulois en Macédoine, en Thessalie, en Grèce, en Asie Mineure.
275	* **Version de la Bible par les Septante** (langue Grecque).
274	Siège de Sparte par Pyrrhus.
269	Sage administration de Hiéron II, à Syracuse.
264	**Première guerre punique.**
260	Bataille de Myles (première victoire navale des Romains).
255	Soulèvement des Parthes contre la Syrie. — Dynastie **Arsacide.**
251	**Ligue achéenne et Ligue étolienne.**
247	**Réunion des Etats de la Chine.**
—	Expédition de Ptolémée Evergète en Asie.
241	**Bibliothèque de Pergame.**
	Formation des sectes Juives : Pharisiens, Sadducéens, Esséniens, Hérodiens.
224	** Victoire des Romains sur les Gaulois Cisalpins.
218	**Deuxième guerre punique. —** Batailles du Tessin et de la Trébie.
217	Bataille du lac Trasimène.
—	**Expédition d'Antiochus-le-Grand en Asie.**
216	**Bataille de Cannes. — Annibal à Capoue.**
—	* Les Juifs persécutés par Ptolémée Philopator.
214	**Invasion des Mongols en Chine.**
—	Construction de la Grande Muraille.
212	**Siège de Syracuse par les Romains.**
210	**La Sicile province romaine.**
207	Bataille du Métaure.
203	* Les Juifs passent sous la domination syrienne.
202	**Bataille de Zama.**
—	*Histoire de Sophonisbe.*

2e siècle.

MITHRIDATE.

2ᵉ siècle.

* JUDÉE.......... **Eléazar.** — Les Sept Machabées. — *Salomonée.*
Mathathias. — **JUDAS MACHABÉE.**
Jonathas. — **Simon.**
Jean Hyrcan Iᵉʳ. — **Aristobule Iᵉʳ.**
Historiens : Auteurs des derniers Livres Saints.

SYRIE......... **Antiochus-le-Grand.**
Séleucus Philopator. — **Héliodore.**
ANTIOCHUS EPIPHANE. — **Lysias.** — **Nicanor.**

ASIE MINEURE.. **Eumène II.** — **Attale III.**

EGYPTE........ Mécanicien : **Ctésibius.**

PONT.......... **MITRIDATE-LE-GRAND.**

NUMIDIE....... **JUGURTHA.**

GRÈCE et colonies **Lycortas.**
Historien : **Polybe.**
Astronome : **HIPPARQUE.**

MACÉDOINE..... **Persée.**

ROME......... **Flamininus.** — Scipion l'Asiatique.
SCIPION EMILIEN.
Caton le Censeur. — **Popilius Lénas.**
Paul-Emile le Macédonique.
Métellus le Macédoniqne. — **Mummius.**
LES GRACQUES. — *CORNÉLIE.*
Sextius. — **Martius Narbo.**
Marius.
Poètes : **Plaute.** — **Térence.**

Conquêtes des Romains.
Deuxième période Glorieuse chez les Hébreux.

2e siècle.

	Règne prospère d'Eumène II en Bithynie.
	Invention du parchemin.
196	Alliance d'Annibal et d'Antiochus-le-Grand.
190	**Bataille de Magnésie.**
175	* **Héliodore à Jérusalem.**
174	**Règne Glorieux d'Arsace VI. — Législation des Parthes.**
170	** **La Gaule Cisalpine province romaine.**
168	* Cruelle persécution des Juifs, par Antiochus Epiphane.
—	**Guerre contre la Macédoine.**
—	**Bataille de Pydna.**
166	* **Victoires de Judas Machabée et de ses Frères.**
152	**Fondation de Cordoue.**
150	Fin de la ligue Achéenne.
149	**Troisième et dernière guerre punique.**
148	**La Macédoine, province romaine.**
146	**Ruine de Carthage.**
—	**Ruine de Corinthe.**
—	**La Grèce, province romaine.**
139	* Expédition d'Hyrcan chez les Parthes.
133	**Ruine de Numance. —** Domination romaine en Espagne.
132	**Guerre civile des Gracques** (jusqu'en 122).
	Invention des pompes et de la clepsydre à roue (Ctésibius).
129	**Le royaume de Pergame, province romaine.**
124	** **Fondation d'Aix.**
123	Conquêtes de Mithridate-le-Grand en Asie Mineure.
118	** **La Gaule méridionale, province romaine.**
117	** **Fondation de Narbonne.**
—	Guerre des Romains contre Jugurtha.
107	* **Monarchie des Princes Asmonéens en Judée.**
102	**Invasion des Cimbres et des Teutons.**
—	** **Batailles d'Aix et de Verceil.**

1er siècle.

OCTAVE AUGUSTE.

1er siècle.

* JUDÉE......... **HÉRODE LE GRAND.** — *Marianne.*

PONT.......... Mithridate-le-Grand. — Pharnace. — *Monime.*

ARMÉMIE...... **Tigrane.**

ÉGYPTE .... *CLÉOPATRE.*

ETHIOPIE...... *CANDACE.*

NUMIDIE....... **Juba.**

GRÈCE et colonies. Historiens : **Denys d'Halicarnasse.**
     »   **Diodore de Sicile.**
     Géographe : **STRABON.**

ROME .... **MARIUS. — SYLLA. — Lucullus. — Métellus.**
Sertorius. — Perpenna.
Spartacus. — Catilina.
Cicéron. — Caton d'Utique.
JULES CÉSAR. — POMPÉE. — Crassus.
OCTAVE AUGUSTE. — Antoine. — Lépide.
Fulvie. — Octavie.
Brutus. — Cassius. — *Porcia.* **— Plancus.**
Mécène. — Agrippa.
Historiens : **SALLUSTE. — Tite-Live. — César.**
Poètes : **VIRGILE. — Horace. — Ovide.**
Rhéteur : **Sénèque.**
Orateur : **CICÉRON.**
Tragédien : **ROSCIUS.**
Architecte et écrivain : **Vitruve.**

GAULE....... VERCINGÉTORIX. — Ambiorix.

Deuxième Siècle Littéraire.—Guerres civiles chez les Romains. Empire Romain. — Attente du Messie.

1er siècle.

96	**La Cyrénaïque, province romaine.**
92	**La Bithynie, province romaine.**
91	Guerre sociale en Italie.
88	**Première guerre contre Mithridate.**
—	Massacre des Romains en Asie Mineure.
—	**Rivalité de Marius et de Sylla.**
—	**Marius à Minturnes et à Carthage.**
—	Vengeances de Sylla. — Listes de proscription.
81	**Sylla dictateur perpétuel.**
78	Guerre contre les Pirates de Cilicie.
77	Guerre contre Sertorius en Espagne.
75	**Deuxième et dernière guerre contre Mithridate.**
69	Domination romaine en Arménie.
66	**Grande bataille de l'Euphrate.**
—	*Histoire de Monime.*
65	**Le Pont, province romaine.**
—	* La Judée tributaire des Romains.
64	**La Syrie, province romaine.**
63	**Conjuration de Catilina.**
60	**Premier Triumvirat.**
58	** **Soulèvement de la Gaule contre les Romains.**
51	** **Siège et prise d'Alésia. — Conquête des Gaules.**
50	** **La Gaule, province romaine.**
48	**Rivalité de César et de Pompée.**
—	**Bataille de Pharsale.**
—	Expédition de César dans le Bosphore.
—	Guerre de César contre Juba, roi de Mauritanie.
47	**César dictateur perpétuel.**
—	Deuxième réforme du Calendrier (réforme Julienne).
44	**Assassinat de César.**
—	**Deuxième Triumvirat. — Tyrannie. — Listes de proscription.**
42	Bataille de Philippes.
41	** **Fondation de Lyon** (Lugdunum).
40	* **Règne d'Hérode-le-Grand en Judée.**
31	**Bataille d'Actium.**
—	**L'Égypte, province romaine.**
—	**Octave Auguste, premier Empereur.**
24	**Soumission des Cantabres, des Ibères, des Ethiopiens.**
—	Ambassade des Indiens aux Romains.
9	Guerre contre les Germains.
—	Apogée de l'Architecture latine.
1	* **Naissance de Jésus-Christ, Fils de Dieu, incarné.**

1er siècle.
JÉSUS-CHRIST.

1er siècle.

* JUDÉE......... **Zacharie.** — *Elisabeth.* — **Joseph.** — La *VIERGE MARIE*.
JEAN-BAPTISTE.
Hérode-le-Grand. — **Hérode Archélaüs.**
Hérode Antipas. — *Hérodiade.* — *Salomé.*
Hérode Agrippa. — *Bérénice.*
Caïphe. — **Ponce-Pilate.**
SAINT PIERRE, prince des Apôtres.
Jacques-le-Majeur. — **Jacques-le-Mineur.**
Madeleine. — *Marie.*
Saint Etienne. — **SAINT PAUL,** apôtre des Nations.
Historiens : **Saint Mathieu** (langue Syriaque).
    »   **Saint Marc.** — **Saint Luc** (langue grec).
    »   **Saint Jean** (langue Grecque).
    »   **Flavius Josèphe** (l. Syriaque et l. Grecque).
Théologiens : **Saint Pierre.** — **Saint Paul.**
    »   **Saint Jacques.** — **Saint Jean.**

* GRÈCE........ **Saint Denis** l'aréopagite.

ROME......... **Octave Auguste.** — **Marcellus.** — **Cinna.**
Livie. — *Julie.*
TIBÈRE. — **Germanicus.** — **Séjan.** — **Pison.**
Agrippine.
Caligula. — **Claude.** — *Messaline.* — **Pœtus.** — *Arria.*
NÉRON. — **Britannicus.** — **Sénèque.** — **Burrhus.**
Agrippine. — *Octavie.* — *Poppée.*
Vitellius. — **VESPASIEN.**
TITUS. — **Domitien.** — **Agricola.** — *Domitilla.*
Poètes : **Phèdre.** — **Juvénal.**
Historiens : **TACITE.** — **Q. CURCE.**
Rhéteur : **Quintilien.**
Philosophe : **Sénèque.**
Naturaliste: **PLINE L'ANCIEN.**

GAULE........ **Sabinus. — *Eponine.*

BRETAGNE..... *BOADICÉE.*

GERMANIE..... **Arminius.**

Avènement du Messie. — Loi de Grâce. — Ère des Chrétiens.
Prédication de l'Evangile. — Premières Persécutions.

1er siècle.

1	* **Naissance de Jésus-Christ : Ère chrétienne.**
9	**Défaite des Romains en Germanie, à Teutberg.**
—	Complot de Cinna. — Clémence d'Auguste.
14	**Règne et crimes de Tibère.**
—	**Victoires de Germanicus.**
—	Puissance et Tyrannie de Séjan.
17	**La Cappadoce, province romaine.**
30	* **Mission et prédications de saint Jean-Baptiste.**
—	* **Vie publique, Miracles, Prédications de Jésus-Christ.**
33	* **Mort, Résurrection, Ascension de Jésus-Christ.**
—	* **Descente du Saint Esprit sur les Apôtres.**
—	* **Prédications et miracles de saint Pierre.**
—	* **Fondation de l'Eglise chrétienne.**
—	* Persécution en Judée contre les Chrétiens.
—	* **Martyre de saint Etienne.**
—	* **Conversion et prédications de saint Paul.**
—	* **Premières Églises de Jérusalem et d'Antioche.**
—	* **Missions des douze Apôtres en Asie, en Afrique et en Europe.**
37	**Règne et folies de Caligula.**
—	**La Mauritanie, La Judée, La Thrace, provinces romaines.**
50	* Saint Paul devant l'Aréopage.
52	* **Église de Rome.**
54	**Règne et crimes de Néron.**
61	* **Concile de Jérusalem. — Symbole des Apôtres.**
64	* **Première persécution de l'empire contre les Chrétiens.**
—	* **Martyre de saint Pierre et saint Paul.**
68	**Règne et vices de Vitellius.**
—	Bataille de Bédriacum.
69	**Règne glorieux de Vespasien, premier des Flaviens.**
70	* **Deuxième ruine de Jérusalem.**
—	** Révolte et supplice de Sabinus. — *Histoire d'Eponine.*
73	**L'Arménie, province romaine.**
78	Conquêtes d'Agricola en Bretagne.
79	**Règne et vertus de Titus.**
—	Terrible peste en Italie.
—	**Première éruption du Vésuve.**
	Destruction d'Herculanum et de Pompéies.
81	**Règne et cruautés de Domitien.**
95	* **Deuxième persécution contre les Chrétiens.**
—	* **Exil de saint Jean à Pathmos.**
98	**Avènement de Trajan, premier des Antonins.** — Règne prospère.

2e siècle.

LES ANTONINS.

2e siècle.

* JUDÉE......... **Barcochébas. — Saint Siméon.**

* ASIE MINEURE.. **Saint Polycarpe.**
Médecin : **Galliën.**

* SYRIE........ **Saint Ignace.**
Sculpteur : **APOLLODORE.**

ÉGYPTE....... Astronome : **Ptolémée.**

GRÈCE........ Historien : **PLUTARQUE.**
* Apologiste : **SAINT JUSTIN.**

ROME........ **TRAJAN.** — *Plotine.* — **Adrien.**
* *Sainte Symphorose.*
ANTONIN. — MARC AURÈLE. — Vérus. — *Faustine.*
* *Sainte Cécile.*
Commode.
Didius Julianus. — Septime Sévère. — **Albinus.**
Historiens : **Suétone. — Pline le Jeune.**

GAULE .... Saint Pothin. — *Sainte Blandine.*
* **Saint Symphorien.**

Période Prospère et Glorieuse de l'Empire.
Première Apologie Chrétienne.

2e siècle.

106   * **Troisième persécution contre les Chrétiens.**

—   Exploits de Trajan en Dacie.

—   **La Dacie, province romaine.**

114   Exploits de Trajan chez les Parthes.

117   **Règne prospère et paisible d'Adrien.**

   Construction de la première Grande Muraille en Bretagne.

132   * **Révolte, défaite, dispersion des Juifs.**

   * **Fondation d'Elia Capitolina** (Nouvelle Jérusalem).

138   **Règne d'Antonin** (prospérité de 43 ans).

   * **Apologie chrétienne de saint Justin.**

161   **Règne de Marc-Aurèle et Vérus.**

166   * **Quatrième persécution contre les Chrétiens.**

167   Guerres contre les Quades et les Marcomans.

174   * **Miracle de la légion Mélitine ou foudroyante.**

   Les Barbares à la solde de l'empire.

177   ** Première persécution en Gaule.

180   **Règne, cruautés, débauches de Commode.**

192   **L'Empire mis à l'enchère.**

194   Victoire de Septime Sévère à Issus.

197   Défaite d'Albinus entre Lyon et Trévoux.

—   Avènement de Septime Sévère.

?   Emploi du papier de bambou chez les Chinois.

3e siècle.
AURÉLIEN.

3ᵉ siècle.

PERSE......... **Artaxerxès. — Sapor Iᵉʳ. — Narsès.**

SYRIE......... **Odenat. — *ZÉNOBIE.***
Rhéteur : **LONGIN** (langue Grecque).

* ASIE MINEURE.. **Saint Grégoire-le-Thaumaturge.**
* **Saint Cyrille de Césarée.**

* ÉGYPTE .... **Saint Paul,** ermite.
Apologiste: **ORIGÈNE** (langue Grecque).

* CARTHAGE ..... *Sainte Perpétue.* — *Sainte Félicité.*
* **Saint Cyprien.**

ROME .... **SEPTIME SÉVÈRE. — Caracalla. — Géta.**
Macrin. — Héliogabale.
ALEXANDRE SÉVÈRE. — *Mammée.*
Maximin. — Les Gordiens.
Philippe. — Dèce. — Valérien. — Gallien.
* **Saint Laurent.**
Claude II. — AURÉLIEN. — Probus.
Dioclétien. — Maximien.
* **Saint Maurice.**
Jurisconsultes: **Papinien. — ULPIEN.**
* Apologiste : **TERTULLIEN.**

GAULE .... **Saint Irénée. — Saint Denis.
Constance Chlore.

CALÉDONIE ..... **Fingal. — OSSIAN.**
Poète : **Ossian.**

Décadence Romaine. — Despotisme, puis Anarchie militaire.
Premières Invasions des Barbares.
Premier Partage de l'Empire.

3e siècle.

202 * **Cinquième persécution** : Deuxième en Gaule.

      * **Apologie de Tertullien.**

208 Expédition de Septime Sévère en Bretagne.

— Deuxième muraille en Bretagne.

213 Meurtre de Géta.

218 Règne et folies d'Héliogabale (premier empereur Syrien).

222 Sagesse et courage d'Alexandre-Sévère.

226 **Royaume des Nouveaux Perses : dynastie Sassanide.**

237 * **Sixième persécution.**

247 Millième anniversaire de la fondation de Rome.

250 Victoire de Décius sur les Goths.

— * **Septième persécution.**

255 Règne de Valérien et de Gallien.

257 * **Huitième persécution.**

259 Victoire de Sapor Ier : Valérien prisonnier.

      Incursions des Barbares dans l'Empire.

      * **Ravages des Francs dans la Gaule.**

      Anarchie militaire. — Trente Tyrans ou Gouverneurs.

263 **Puissance d'Odenat à Palmyre.**

269 Grande victoire de Nissa sur les Goths.

270 Règne brillant d'Aurélien.

272 * **Neuvième Persécution** : Troisième en Gaule.

      * **Origine de la vie Cénobitique.**

— **Exploits d'Aurélien en Orient. —** *Défaite de Zénobie.*

276 Sagesse et travaux de Probus ;

— Ses victoires sur les Nouveaux Perses.

286 * **Les Chrétiens dans les Catacombes.**

— * **Martyre de la légion Thébaine.**

292 **Premier partage de l'Empire romain.**

4e siècle.

CONSTANTIN.

4e siècle.

EMP. D'OCCIDENT. **MAXIMIEN.** — Constance Chlore.

CONSTANTIN LE GRAND. — **Maxence.**

Sainte Hélène.

Crispus. — *Fausta.*

Melchiade.

JULIEN L'APOSTAT.

THÉODOSE LE GRAND.

Saint Ambroise. — *Sainte Fabiola.*

Saint Hilaire. — **Saint Martin.**

Philosophe : **Lactance** (langue Latine).

Théologiens : **Saint Hilaire.** — **SAINT AMBROISE.**

»   **SAINT JÉROME** (langue Latine).

EMP. D'ORIENT. **DIOCLÉTIEN.** — **Galère.**

SAINTE CATHERINE d'Alexandrie.

Arius.

Saint Antoine.

Constance. — **Saint Athanase.**

Valens.

Saint Flavien. — **Macédonius.**

Saint Hilarion. — **Saint Jérôme.** — *Sainte Paule.*

Théologiens : **SAINT ATHANASE.**

»   **SAINT GRÉGOIRE DE NAZIANZE.**

»   **SAINT BAZILE.**

EMPIRE GOTH.. **Hermanric.**

Siècle des Partages. — Ère des Martyrs.
Les Pères de l'Eglise.

4e siècle.

303	*** Dixième et dernière persécution avant Constantin.**
	*** Vertus de Constance Chlore et d'*Hélène*.**
305	**Deuxième partage de l'Empire romain.**
312	*** Bataille de Rome. — Appàrition du Labarum.**
—	*** Conversion et règne de Constantin-le-Grand.**
313	*** Triomphe et liberté de l'Église.**
	* Donations de Constantin au pape Melchiade.
324	* Construction de la première basilique de Saint-Pierre.
	*** Hérésie des Ariens.**
325	*** Premier Concile Œcuménique : premier de Nicée.**
	*** Symbole de Nicée. —** Fixation de la Fète de Pâques.
326	*** Invention de la Sainte Croix.**
	* Construction de l'Eglise du Saint-Sépulcre.
	*** Origine de la vie monastique.**
329	**Translation de la Capitale de l'Empire à Bysance.**
337	**Troisième partage de l'Empire Romain.**
—	**Règne de Constance, empereur arien, en Orient.**
—	* Exils successifs de Saint Athanase.
361	*** Victoires, apostasie, impiétés de Julien l'apostat.**
362	* Tentative impie de Julien à Jérusalem.
—	**** Les Francs établis en deçà du Rhin.**
—	** Séjours de Julien à Lutèce (Paris).
363	**Victoire de Sapor II : mort de Julien.**
364	**Quatrième partage de l'Empire romain.**
—	**Règne de Valens, empereur arien, en Orient.**
376	**Première invasion des Huns en Europe.**
378	**Les Goths dans l'Empire. — Bataille d'Andrinople.**
379	**Règne glorieux de Théodose. —** Victoires sur les Goths.
—	*** Hérésie des Macédoniens.**
381	*** Deuxième concile Œcuménique : premier de Constantinople.**
390	* Massacre de Thessalonique. — Pénitence de Théodose.
—	*** Traduction de la Bible en langue Latine :** La Vulgate.
395	**Cinquième et dernier partage de l'Empire romain :**
—	Empire d'Occident et Empire d'Orient.
400	* Ordre religieux du Mont-Carmel, ou des Carmes.

5e siècle jusqu'à 476.
ATTILA ET SAINT LÉON.

5e siècle jusqu'à 476.

EMP. D'OCCIDENT	**Honorius.** — **STILICON.** — **Télémaque.**
	Valentinien III. — **AÉTIUS.** — **Boniface.**
	Placidie. — *Eudoxie.*
*	**SAINT AUGUSTIN.** — *Sainte Monique.*
*	**SAINT LÉON LE GRAND.**
	Romulus Augustule.
*	**Saint Patrick.**
* *	**Saint Aignan.** — **Saint Loup.** — *Sainte Geneviève.*
*	Théologien : **SAINT AUGUSTIN,** docteur de la Grâce.
* *	Poète : **Saint Sidoine Apollinaire.**
	Historien : **Paul Orose.**

ROY. BARBARES :

* *Visigoths.....	**ALARIC.** — **Ataulphe.** — **Théodoric Ier.**
Suèves.......	**Radagaise.**
* *Burgondes....	**Gondicaire.**
* *Huns........	**ATTILA.** — *Honoria.*
Vandales.....	**GENSÉRIC.**
Saxons.......	**Hengist.** — **Horsa.**
* *Francs	**Pharamond.** — **Clodion.** — **MÉROVÉE.**
	Childéric. — *Basine.*

EMP. D'ORIENT.	**Arcadius.** — *Eudoxie.*
	MARCIEN. — *PULCHÉRIE.*
*	**Nestorius.** — *Sainte Marie Egyptienne.*
*	Théologien : **SAINT JEAN CHRYSOSTOME.**

Invasion des Barbares. — Origine des Etats modernes.
Chute de l'Empire Romain.
Rôle Médiateur et Civilisateur de l'Eglise.

5ᵉ siècle jusqu'à 476.

403   **Invasion des Visigoths en Italie.**
—   * Abolition des combats de Gladiateurs.
406   **Invasion des Suèves, des Alains, des Vandales en Italie.**
407   * Vertus et exil de saint Jean Chrysostome.
408   **Premier siège de Rome par Alaric.**
410   **Deuxième siège et pillage de Rome par Alaric.**
413   ** **Invasion et royaume des Burgondes en Gaule.**
        ** **Invasion et royaume des Visigoths en Gaule et en Espagne.**
419   **Invasion et royaume des Suèves en Espagne.**
420   ** **Invasion et royaume des Francs en Gaule.**
—   ** **Dynastie Franque Mérovingienne** : Pharamond.
—   * **Hérésie des Nestoriens.**
431   ** **Troisième Concile Œcuménique : premier d'Ephèse.**
432   * **Conversion de l'Irlande.**
439   **Invasion et royaume des Vandales en Afrique :**
—   **Siège d'Hippone.**
450   **Règne prospère de Marcien en Orient.**
451   **Deuxième Invasion des Huns.**
—   ** **Bataille de Châlons-sur-Marne.**
—   * **Hérésie des Eutychéens.**
—   * **Quatrième Concile Œcuménique : concile de Chalcédoine.**
452   **Fondation de Venise.**
455   **Siège de Rome par Genséric.**
—   **Invasion et royaume des Saxons en Bretagne.**
476   Avènement de Romulus Augustule, dernier empereur romain.
—   Révolte d'Odoacre.
—   **Chute de l'Empire d'Occident.**
—   **Fin de l'Histoire Ancienne.**
—   Invention de l'orgue ?

HISTOIRE DU MOYEN-AGE

De l'an 476 à l'an 1453 après J.-C.

5e siècle depuis 476.   6e siècle.
CLOVIS.   JUSTINIEN.

****FRANCE.......**   **CLOVIS.** — **Saint Rémi.** — **Syagrius.** — *Sainte Clotilde.*

Thierry Ier. — **Childebert Ier.** — **CLOTAIRE Ier.**
Clodomir.

Théodebert Ier. — **Saint Clodoald.**

Caribert. — **Gontran.** — **Sigebert Ier.** — **Chilpéric Ier.**
Sainte Radegonde.

Galsuinde. — *BRUNEHAUT.* — *Frédégonde.*

Gondebaud. — **Sigismond.**

Historien : **SAINT GRÉGOIRE DE TOURS** (langue Lat.)

ANGLETERRE...   **Arthur.**

Ethelbert. — *Berthe.* — **Saint Augustin.**

*** ÉCOSSE ....**   **Fergus.** — **Saint Colomba.**

ESPAGNE ......   **ALARIC II.** — **Amalaric.** — *Clotilde.*
Récarède.

ITALIE ....   **THÉODORIC LE GRAND.** — **Cassiodore.**
AMALASONTHE.

ALBOIN. — *Rosamonde.*

Agilulfe. — *THÉODELINDE.*

SAINT GRÉGOIRE LE GRAND.

SAINT BENOIT. — **Saint Maur.**

Historien : **Cassiodore** (langue Latine).

Philosophe : **Boèce** (langue Latine).

Théologien : **Saint Grégoire-le-Grand.**

*** EMPIRE GREC..**   **JUSTINIEN.** — **BÉLISAIRE.** — **Narsès.** — *Théodora.*
Jurisconsulte : **Tribonien.**

AFRIQUE.......   **Gélimer.**

Conversion des principales Nations Européennes.
Gloire de l'Empire Grec. — Conquêtes des Francs.

481	⁂ **Conquêtes et Avènement de Clovis.**
	⁂ Code Salique et Code Ripuaire.
	⁂ *Histoire de Clotilde.*
484	**Règne d'Alaric II en Espagne.** — Code Visigoth.
486	⁂ **Défaite des Romains à Soissons.**
—	⁂ **Extinction de la puissance romaine en Gaule.**
493	Loi Gombette ou Bourguignonne.
—	**Invasion et royaume des Ostrogoths en Italie.**
—	**Victoires et règne glorieux de Théodoric-le-Grand.**
496	⁂ **Bataille de Tolbiac.** — **Conversion des Francs.**
507	⁂ **Bataille de Vouillé : extension du royaume de Clovis.**
511	⁂ **Premier partage du royaume Franc.**
525	**Règne Glorieux de Justinien.** — **Codes Grecs.**
	Victoires de Bélisaire sur les Perses.
533	**Invasion et royaumes des Angles en Bretagne.**
—	**Conseil de l'Heptarchie.** — Résistance des Bretons.
—	⁂ **Bataille de Vézéronce :** Fin du royaume des Burgondes.
—	⁂ Meurtre des Enfants de Clodomir.
	Victoires de Bélisaire sur les Vandales.
534	⁂ **Extension de l'Austrasie sous Théodebert.**
553	* **Cinquième Concile Œcuménique : 2ᵐᵉ de Constantinople.**
558	⁂ **Puissance de Clotaire Iᵉʳ.**
561	⁂ **Deuxième partage du royaume Franc.**
	⁂ Luttes entre la Neustrie et l'Austrasie. — Origine des Maires du palais.
563	* **Conversion de l'Ecosse.**
572	**Invasion et royaume des Lombards en Italie.**
	Histoire de Rosamonde.
587	* **Conversion des Visigoths d'Espagne.**
—	⁂ **Traité d'Andelot :** Les fiefs francs deviennent héréditaires.
590	* **Pontificat de Grégoire-le-Grand.**
591	* **Conversion des Lombards.**
596	* **Conversion des Saxons et des Angles.**
—	⁂ *Gauvernement de Brunehaut en Austrasie.*
—	* Ordre religieux des Bénédictins.
?	Invention du feu Grégeois.

7e siècle.

MAHOMET.

FRANCE .... **Dagobert Ier. — Saint Eloi. —** *Manthilde.*

Clovis II. — *Bathilde.*

Ebroïn. — Saint Léger. — Wulfoad.

Pépin de Landen. — PÉPIN d'HÉRISTAL. — *Plectrude.*

Poète : **Saint Fortunat** (langue Latine).

ALLEMAGNE .... **Saint Gall. — Saint Columba.**

EMPIRE GREC .. **Héraclius.**

PERSE .... **Chosroès II.**

ARABIE .... **MAHOMET. —** *Aïscha. — Fatime.*

Abou-Beckr. — Omar. Othman. — Ali.

Amrou. — Saïd. — Kaled.

Moaviah. — Abd-el-Maleck.

Conquêtes des Arabes.
Extension et Travaux des Monastères

604   **Victoires et conquêtes de Chosroès II en Asie :**
Incendie de Damas et de Jérusalem.

614   ** *Mort tragique de Brunehaut.*

622   **Prédications, fuite ou Hégire, victoires de Mahomet.**
—   **Ère des Mahométans.**

626   Victoires d'Héraclius sur les Perses : batailles d'Issus et de Mossoul.

628   ** **Règne de Dagobert Ier. — Ministère de saint Eloi.**
    * Extension des Monastères. — Précieux travaux des Moines.
    * Exaltation de la Sainte Croix.

630   * Hérésie des Monothélites.

632   Mort de Mahomet.
—   * **Déclaration de la Guerre Sainte contre les Chrétiens.**
—   **Conquête de la Syrie par les Arabes.**

637   **Conquête de la Palestine et de la Mésopotamie par les Arabes.**

638   ** **Troisième partage du royaume Franc.**
—   ** Commencement des Rois Fainéants.

640   **Siège et prise d'Alexandrie par les Arabes :**
—   Ruine de la Bibliothèque.

642   **Conquête de la Perse par les Arabes.**

643   Code Lombard.
    Conquête de Chypre et de Rhodes par les Arabes.

660   **Dynastie des Califes Ommiades :** Moaviah.

670   ** **Tyrannie d'Ebroïn en Neustrie.**
    Conquêtes des Arabes en Tartarie. — Prise de Samarkand.

681   * **Sixième Concile Œcuménique : 3me de Constantinople.**

687   ** **Bataille de Testry : victoire de l'Austrasie.**
—   ** **Gouvernement et Victoires de Pépin d'Héristal.**
—   * Premières Missions catholiques en Germanie.
—   Création des Doges à Venise.

698   **Ruine de la nouvelle Carthage par les Arabes.**

8e siècle.

CHARLEMAGNE.

FRANCE	**CHARLES MARTEL.** — **Eudes d'Aquitaine.**
	Ragenfroy.
	PÉPIN-LE-BREF. — *Berthe au grand pied.*
	CHARLEMAGNE. — **Roland.**
	Hildegarde. — *Fastrade.* — *Luitgarde.*
	Historiens : **Paul Diacre.**
	» **Eginhard.**
	Savants : **ALCUIN** (Saxon).
	» **Pierre de Pise.**
	» **Théodulphe d'Orléans.**
ANGLETERRE ...	**Offa.**
	Savant : **Bède-le-Vénérable.**
ESPAGNE	**Pélage.**
	Alphonse-le-Catholique.
	Tarick. — **Abdérame Ier.**
ITALIE	**Etienne II.** — **Léon III.**
	Astolphe. — **Didier.**
ALLEMAGNE	**SAINT BONIFACE.**
EMPIRE GREC...	**Léon l'Isaurien.**
	Constantin V et *IRÈNE.*
CALIF. D'ORIENT.	**Aboul-Abbas.** — **AL-MANZOR.**
	AAROUN-AL-RASCHILD.
	Saint Jean Damascène.

Troisième Siècle Littéraire, Gloire des Arabes.
Puissance temporelle des Papes. — Empire de Charlemagne.

705   **Conquête de la Mauritanie par les Arabes.**
711   **Bataille de Xérès. — Les Maures en Espagne.**
—   Origine du royaume Chrétien des Asturies : Pélage.
714 ** **Gouvernement et Victoires de Charles Martel.**
716   * Missions de saint Boniface en Germanie.
       * Hérésie des Iconoclastes protégée par les Empereurs d'Orient.
       * Cruelles persécutions contre les Catholiques.
732 ** **Invasion des Maures en France.**
—   ** **Bataille de Poitiers.**
742   Règne d'Alphonse le Catholique en Asturie.
750   **Dynastie des Califes Abbassides :** Aboul-Abbas.
752 ** **Dynastie Franque Carlovingienne :** Pépin-le-Bref.
754   **Règne Glorieux d'Al-Manzor.**
755   Règne d'Offa en Angleterre. — Code Saxon.
—   * Martyre de saint Boniface.
756 ** **Victoires de Pépin-le-Bref sur les Lombards.**
—   ** **Donations au saint Siège : patrimoine de saint Pierre ;**
—   * **Origine de la puissance temporelle des Papes.**
—   **Création du Califat de Cordoue.**
—   **Dynastie Ommiade :** Abdérame Ier.
—   Architecture Arabe.
760 ** Victoires de Pépin-le-Bref en Aquitaine.
762   **Fondation de Bagdad : califat de Bagdad.**
768 ** **Avènement de Charlemagne.**
773 ** **Conquête de la Lombardie par Charlemagne.**
       Agrandissement d'Aix-la-Chapelle.
778 ** Expédition de Charlemagne en Espagne.
     ** Bataille de Roncevaux.
785 ** **Soumission des Saxons par Charlemagne :**
786   **Règne glorieux d'Aaroun-Al-Raschild.**
787   * **Septième Concile Œcuménique : deuxième de Nicée.**
—   *Cruautés et Avènement d'Irène.*
800 ** **Charlemagne empereur d'Occident.**
     ** Renaissance momentanée des lettres en Occident.
     ** Académie palatine. — Recueil des Capitulaires.
  ?   Invention du papier de coton par les Chinois.

9e siècle.

ALFRED-LE-GRAND.

FRANCE....... **Louis-le-Débonnaire.** — *Judith de Bavière.*

Charles-le-Chauve. — **Charles-le-Gros.**

ROBERT-LE-FORT. — **EUDES.**

Savant : **Hincmar.**

ANGLETERRE... **EGBERT.** — Ethelwolf. — **Saint Edmond.**

ALFRED-LE-GRAND. — Gothrum.

ESPAGNE ...... **Ramire Ier.**

ABDÉRAME II, LE VICTORIEUX.

ITALIE .... **NICOLAS Ier, LE GRAND.**

ALLEMAGNE.... **Louis le Germanique.** — **Charles-le-Gros.**

NORWÈGE...... **HASTINGS.**

DANEMARK .... **Saint Anschaire.**

RUSSIE........ **RURICK.**

EMPIRE GREC .. **Michel l'ivrogne** — **Bardas.** — *Théodora.*

Photius. — **SAINT IGNACE** de Constantinople.

CALIF. D'ORIENT **AL-MAMOUN.** — **Mostassem.**

Savant et Philosophe : **Alkendi.**

EGYPTE........ **Ibrahim-ben-Aglab.**

Invasions des Scandinaves. — Féodalité.
Schisme d'Orient.

801   **Dynastie des Aglabites en Egypte :** Ibrahim-ben-Aglab.
     Premières incursions des Normands.

813   **Règne glorieux d'Al-Mamoun.**

814   ** Règne de Louis-le-Débonnaire.
     ** Trois partages successifs de l'Empire Carlovingien.

822   **Prise de Crète par les Arabes.**

—   **Fondation de Candie.**

—   **Règne et Victoires d'Abdérame II.**

—   Prospérité du califat de Cordoue. — Architecture Mauresque.

827   **Réunion de l'Heptarchie.**
     Dynastie Saxonne en Angleterre : Egbert.

840   ** **Règne de Charles-le-Chauve.**
     ** **Féodalité française : Le Servage remplace l'esclavage.**

841   ** **Bataille de Fontenay.**

843   ** **Traité de Verdun :**

—   **Partage définitif de l'empire Carlovingien.**

—   **Dynastie Carlovingienne en Allemagne :** Louis-le-Germanique.

845   ** Premier pillage de Paris par les Normands.
     ** **Ravages des Normands sur les côtes de l'Atlantique.**

849   **Grande Victoire de Logrono sur les Maures d'Espagne.**

853   * Premières Missions Catholiques en Danemark, Suède et Norwège.

857   * **Schisme d'Orient.**

861   **Découverte de l'Islande par les Norwégiens.**

862   **Dynastie des Ruricks en Russie :** Rurick.

866   ** **Victoires et mort glorieuse de Robert-le-Fort.**

—   ** Origine de la dynastie Capétienne.

869   * **Huitième Concile Œcuménique : 4me de Constantinople.**
     Ravages des Danois en Angleterre et en Irlande.

870   **Victoires et législation d'Alfred-le-Grand.**

—   Renaissance momentanée des lettres en Angleterre.

877   ** **Traité de Querzy-sur-Oise : Féodalité héréditaire en France.**

855   ** **Siège de Paris par les Normands.**

—   ** Déposition de Charles-le-Gros. — Règne d'Eudes.

—   ** **Ravages des Sarrasins sur les côtes de la Méditerranée.**

10e siècle.
OTHON-LE-GRAND.

FRANCE .... **Charles III, le Simple. — ROLLON.** — *Ogine.* — *Gisèle.*
Louis IV d'Outre-Mer. — Raoul.
HUGUES-LE-GRAND. — Hugues-Capet.
Robert. — *Berthe.* — *Constance.*
Savant : **Gerbert** (Sylvestre II).

ANGLETERRE... **Edouard l'Ancien. — Athelstan.**

ESPAGNE ..... **Ramire II. — Garcias le Trembleur.**
Almanzor.

ITALIE. .... **Grégoire V.**
SYLVESTRE II (Gerbert).

ALLEMAGNE.... **Conrad de Franconie. — Henri l'Oiseleur.**
OTHON-LE-GRAND. — *Sainte Adélaïde.*

PRUSSE....... **Saint Adalbert.**

HONGRIE...... **SAINT ETIENNE** (Etienne Ier). — *Gisèle.*

NORWÈGE...... **Suénon.**

RUSSIE........ **VLADIMIR-LE-GRAND.** — *Anne.*

PERSE .... **Mahmoud le Gaznévide.**

AFRIQUE ...... **Obéid-Allah.**

Invasion Hongroise.
Origine du Saint Empire romain Allemand.
Avènement des Capétiens. — Premier Empire Turc.

907	**Invasions des Madgyares ou Hongrois, en Allemagne.**
909	**Dynastie des Fatimites au nord de l'Afrique** : Obéid-Allah.
911	Fin de la Famille Carlovingienne d'Allemagne : Empire électif.
—	**Maison de Franconie en Allemagne** : Conrad Ier.
912	** **Traité de Saint-Clair-sur-Epte** :
—	** **Etablissement des Normands en France.**
—	* **Conversion des Normands.**
913	**Origine du royaume de Léon et des Asturies.**
919	**Maison de Saxe en Allemagne** : Henri l'Oiseleur.
923	** Invasion des Hongrois en France ; Victoires de Raoul.
—	** **Puissance de Hugues-le-Grand en France.**
933	**Grande Victoire de Mersebourg sur les Hongrois.**
936	**Règne glorieux d'Othon-le-Grand.**
938	**Grande Victoire de Simancas sur les Maures d'Espagne.**
955	**Grande Victoire d'Augsbourg sur les Hongrois.**
959	Règne d'Edgard-le-Pacifique en Angleterre : Impôt des têtes de loup.
962	**Etablissement du Saint Empire romain Allemand.**
—	* Ordre religieux du grand Saint-Bernard.
970	**Fondation du Caire.**
980	* **Règne glorieux et baptême de Vladimir Ier.**
—	* **Conversion des Russes.**
982	**Découverte du Groënland par les Norvégiens** d'Islande.
987	** Fin de la dynastie Carlovingienne de France.
—	** **Dynastie Capétienne en France** : Hugues-Capet.
995	* Missions catholiques en Islande et dans le Groënland.
996	** **Règne et vertus de Robert le Pieux.**
—	**Grande victoire de Calatanasor sur les Maures d'Espagne.**
997	* Missions catholiques en Prusse et en Bohème.
—	* **Conversion des Hongrois.**
—	* **Baptême de Waïc ou saint Etienne.**
—	**Dynastie Turque Gaznévide en Perse.**
999	* **Pontificat de Sylvestre II** (Gerbert).
—	Invention des horloges à poids moteur (Gerbert).
—	Introduction des chiffres Arabes en Europe (Gerbert).
1000	**Terreur universelle.**

11e siècle.
GRÉGOIRE VII.

****FRANCE** .... **Henri Ier.** — *Anne de Russie.* — **Robert-le-Diable.**
Tancrède de Hauteville. — **Guillaume Bras de fer.**
Philippe Ier. — *Bertrade de Montfort.*
GODEFROY DE BOUILLON.
Pierre l'Ermite. — **Gautier-sans-avoir.**
SAINT BRUNO. — **Gérard de Martigues.**
Poètes : **Auteurs des premières Chansons de Gestes.**

ANGLETERRE.... **Suénon.** — **CANUT-LE-GRAND.**
Edouard le Confesseur. — **Godwin.**
GUILLAUME-LE-CONQUÉRANT. — **Harold.**
Théologiens : **Lanfranc.** — **Saint Anselme.**

ÉCOSSE........ **Duncan.** — **Macbeth.**

ESPAGNE ...... **FERDINAND-LE-GRAND.**
Rodrigue diaz de Bivar ou **le Cid.** —*Chimène.*

*** ITALIE** .... **GRÉGOIRE VII.** — *MATHILDE.*
Urbain II.
ROBERT GUISCARD.
Musicien : **Guy d'Arezzo.**

SAVOIE........ **Humbert aux blanches mains.**

ALLEMAGNE .... **Conrad le Salique.** — **Henri IV.**

DANEMARK..... **Canut-le-Grand.**

RUSSIE........ **Iaroslav.**

EMPIRE GREC.. **Isaac Comnène.** — **Alexis Comnène.**

EMPIRE TURC.. **TOGROUL-BEG.**

Royaumes Normands. — Empire Turc Seldjoucide.
Lutte des Investitures.
Origine de la Chevalerie et des Croisades.

	** Architecture et langues romanes.
	Démembrement et décadence du Califat de Cordoue.
1013	**Famille Danoise en Angleterre :** Suénon.
1015	**Règne et Sagesse de Canut-le-Grand.**
1024	**Maison de Franconie Salique en Allemagne :** Conrad II.
1031	** **Trève de Dieu. — Origine de la Chevalerie.**
	Origine du Comté de Savoie : Humbert aux blanches mains.
1035	**Exploits de Ferdinand Ier et du Cid.**
1037	**Invasion des Turcs Seldjoucides.** — Conquête de la Perse.
1040	Usurpation et crimes de Macbeth.
1042	**Règne et justice d'Edouard le Confesseur.**
1043	**Fondation de Copenhague.**
—	Invention de la gamme musicale (Guy d'Arezzo).
1050	* **Code des vérités Russes. — Séparation de l'Eglise Russe.**
—	**Fondation de Maroc.**
1053	Bataille de Civitella : **Duché normand de Naples.**
	Exploits de Robert Guiscard.
1055	**Prise de Bagdad par les Turcs.**
1066	**Bataille d'Hastings :**
—	** **Conquête de l'Angleterre par les Normands.**
—	**Famille Normande en Angleterre :** Guillaume le Conquérant.
—	Féodalité anglaise. — Tyrannie envers les Saxons.
1073	* **Pontificat de Grégoire VII. — Réformes.**
—	* **Lutte des Investitures.**
—	* **Résistance et excommunication de Henri IV d'Allemagne.**
—	* *Donations de la comtesse Mathilde au Saint-Siège.*
1081	**Famille des Comnènes en Orient :** Alexis.
1804	* Ordre religieux des Chartreux.
1094	** Crimes et Excommunication de Philippe Ier, roi de France.
1095	**Conquêtes des Turcs en Asie-Mineure :** Cinq Sultanies.
—	** **Première Croisade. — Siège et prise de Nicée.**
1098	** **Siège et prise d'Antioche.**
1099	** **Prise de Jérusalem par les Croisés.**
—	** **Royaume latin féodal de Jérusalem.**
1000	* Ordre religieux et militaire des Hospitaliers de Saint-Jean de Jérusalem.
?	Imprimerie tabellaire chez les Chinois.

12ᵉ siècle.
SAINT BERNARD.

FRANCE .... **Louis VI, le Gros. — Hugues de Payens.**
Louis VII, le Jeune. — *Eléonore de Guyenne.*
Suger. — SAINT BERNARD.
Thibaut IV de Champagne.
PHILIPPE II, AUGUSTE. — *Agnès de Méranie.*
Pierre de Vaux.
Historien: **Suger.**
Philosophes: **Abeilard.**
Théologiens: **Saint Bernard. — Pierre le Vénérable.**
Poètes: Troubadours: **Guillaume de Poitiers.**
    »   »   **Bernard de Ventadour.**
    »   Trouvère: **Alexandre de Bernay.**

ANGLETERRE ... **Henri Iᵉʳ, Beauclerc.**
Henri II. — Saint Thomas Becket.
RICHARD-CŒUR-DE-LION. — Robin Hood.
Poètes: Troubadours: **Richard-Cœur-de-Lion. — Blondel.**
    » Trouvère: **Robert Wace.**

ESPAGNE ...... **Alphonse le Batailleur.**
Philosophe, médecin: **Averrhoès** (Arabe).

PORTUGAL ..... **ALPHONSE Iᵉʳ HENRIQUEZ, le Conquérant.**

ITALIE .... **Eugène III.**
Arnaud de Brescia.
ALEXANDRE III.
Roger II, de Sicile.

ALLEMAGNE .... **Henri V. — Conrad III.**
FRÉDÉRIC BARBEROUSSE.

EMPIRE GREC .. **Jean Comnène. — Manuel Comnène.**
Isaac Iᵉʳ, l'Ange.
Historien: *Anne Comnène.*

JÉRUSALEM .... **Beaudoin II. — Baudoin III. — Guy de Lusignan.**

EMPIRE TURC .. **Zenghi. — Nour-Eddin.**
SALADIN. — Malek-Adhel.

AMÉRIQUE ..... **Mango-Capac.**

Origine des Communes.— Lutte du Sacerdoce et de l'Empire. Puissance maritime de Venise et de Gênes.

1108	**	**Règne de Louis VI en France : Premières Communes.**
1118	*	Ordre religieux et militaire des Templiers.
—	**	**Prise de Tyr par les Latins de Jérusalem.**
1120	*	Ordre religieux et militaire de Saint-Lazare.
1122	*	**Concordat de Worms : Fin de la lutte des Investitures.**
1123	*	**Neuvième Concile Œcuménique : Premier de Latran.**
1126		Premier puits foré, ou artésien, en Europe.
1127		**Origine du royaume des Deux-Siciles : Famille Normande. Exploits de Roger II, premier roi des Deux-Siciles.**
1128	*	Ordre religieux et militaire des Chevaliers Teutoniques.
1130		**Dynastie des Incas au Pérou :** Mango-Capac.
1137		**Commencement de la rivalité des Guelfes et des Gibelins.**
1138		**Maison de Souabe Hohenstauffen en Allemagne :** Conrad III.
1139		**Grande Victoire d'Ourique sur les Maures.**
—		**Le Portugal érigé en royaume :**
—		**Famille de Bourgogne :** Alphonse Ier.
1145		**Prise d'Edesse par les Turcs.**
—	*	**Prédications et influence de saint Bernard.**
1147	**	**Deuxième Croisade. — Siège de Damas.**
—		**Fondation de Moscou.**
1154		**Famille des Plantagenets en Angleterre :** Henri II.
1159		**Pontificat d'Alexandre III :**
—		**Abolition du servage dans les Etats Romains.**
—		**Lutte du Sacerdoce et de l'Empire** (Guelfes et Gibelins).
1162		**Sac de Milan.**
—		**Ligue Lombarde : Fondation d'Alexandrie** (Italie).
1170	*	**Meurtre de Thomas Becket,** en Angleterre.
1171		**Dynastie des Ayoubites en Egypte :** Saladin.
—		**Conquêtes de Saladin en Asie.**
—		**Création du grand Conseil de Venise :** Gouvern. aristocratique.
1172		Conquête de l'Irlande par les Anglais.
	*	Hérésies des Vaudois et des Albigeois.
1180	**	**Règne glorieux de Philippe-Auguste :**
—	**	**Affermissement du pouvoir royal en France.**
1183		**Traité de Constance : Indépendance des Villes Lombardes.**
1185		**Famille des l'Ange en Orient :** Isaac l'Ange.
1187	**	**Bataille de Tibériade, prise de Jérusalem par les Turcs.**
1188	**	**Troisième Croisade. — Siège de Saint-Jean-d'Acre.**
1194		Captivité de Richard Cœur-de-Lion en Allemagne.
1200	**	Fautes et excommunication de Philippe-Auguste.
	**	Université de Paris.

13ᵉ siècle.

SAINT LOUIS.

FRANCE ...... **Philippe-Auguste. — Beaudoin de Flandre.**
Simon de Montfort. — Pierre de Castelnau.
Arthur de Bretagne.
LOUIS IX ou **SAINT LOUIS. —** *Blanche de Castille.*
Thibaut VI de Champagne.
Robert d'Artois. — Charles d'Anjou.
Marguerite de Provence.
Philippe III. — *Marie de Brabant.*
Historiens : **Ville-Hardouin. — Joinville.**
Poètes : Troubadours : **Bertrand de Born.**
      »   »   **Thibaut de Champagne.**
      »   Trouvères : **Auteurs des Romans de Chevalerie.**
      »   »   **Aut. des Mystères et des Moralités.**
Théologien : **Robert SORBON.**
Architectes **de l'ordre Gothique.**

ANGLETERRE ... **Jean-sans-Terre. — Henri III.**
Comte de Leicester (Montfort).
Edouard Iᵉʳ. — David le Gallois.
Savant et Philosophe : **Roger Bacon.**

ÉCOSSE .... **Bailleul. — Wallace.**
Philosophe : **Duns Scott.**

ESPAGNE ...... **Saint Ferdinand. — Pierre III d'Aragon.**
Saint Dominique.
Poètes : **Auteurs des Romanceros.**

ITALIE .... **INNOCENT III.—Boniface de Montferrat.—Dandolo.**
Grégoire IX. — Saint Antoine de Padoue.
Urbain IV. — Charles d'Anjou.
Manfred. — Conradin. — Jean de Procida.
Saint François d'Assise. — *Sainte Claire.*
Théologiens : **SAINT THOMAS D'AQUIN.**
      »   **Saint Bonaventure.**
Peintre : **Cimabué.**
Géographe : **Marco Polo.**
Inventeur : **Flavio Gioja.**

ALLEMAGNE .... **Frédéric II. — Rodolphe de Hapsbourg.**
Théologien : **ALBERT-LE-GRAND.**

HONGRIE .... **André II. —** *Sainte Elisabeth.*

EMPIRE GREC .. **Alexis l'Ange. — Alexis Ducas** ou **Murzufle.**
Michel Paléologue.

EMPIRE LATIN .. **Baudoin Iᵉʳ. — Jean de Brienne.**

EMPIRE MONGOL. **GENGIS-KHAN** (Témudjin).

EGYPTE .... **Al Mohadan. — Fakr-Eddin.**

TUNIS .... **Mostancer.**

Apogée du Moyen-Age. — Architecture Gothique.
Républiques Italiennes.
Empire Mongol. — Dernières Croisades.

1201	* **Glorieux pontificat d'Innocent III.**
1204	** **Quatrième Croisade: Empire latin féodal de Constantinople.**
—	**Puissance de Venise en Orient.**
1206	**Fondation de Berlin.**
1208	** **Croisade contre les Albigeois.**
	* Ordre religieux des Frères Mineurs ou Franciscains.
1214	** **Ligue contre Philippe-Auguste: Bataille de Bouvines.**
1215	**Grande Charte Anglaise :** Origine du Parlement d'Angleterre.
—	**Terrible Invasion des Mongols en Asie: Prise de Péking.**
—	**Empire Mongol: de Péking à la mer Caspienne.**
—	* Ordre religieux des Dominicains ou frères Prêcheurs.
1217	**Conquêtes de saint Ferdinand sur les Maures :** Cordoue, etc.
—	** **Cinquième Croisade: Première prise de Damiette.**
1223	** **Avènement de saint Louis.** — *Régence de Blanche de Castille.*
1228	* **Sixième Croisade:** Mauvaise foi et scandales de Frédéric II.
1230	' **Conversion des Borusses ou Prussiens :**
—	**Duché Teutonique de Prusse.**
1237	Invasion des Mongols en Pologne, Hongrie, Bohème.
1242	Ligue contre saint Louis : Batailles de Taillebourg et de Saintes.
1248	** **Septième Croisade: Deuxième prise de Damiette.**
—	**Bataille de la Massoure. — Captivité de saint Louis.**
—	**Dynastie des Mamelouks en Egypte:** Ibegh.
1250	**Grand interrègne en Allemagne. — Ligue Hanséatique.**
—	**Fondation de Stokholm.**
1252	** Sages ordonnances de saint Louis; Fondation de la Sorbonne.
1255	**Prise de Xérès sur les Maures.**
1258	**Ruine de Bagdad et du Califat par les Mongols.**
1261	**Restauration de l'Empire Grec :**
—	**Famille des Paléologues :** Michel.
1266	** **Maison d'Anjou à Naples :** Charles Ier. — **Bataille de Bénévent.**
1270	** **Huitième et dernière Croisade:** Mort de saint Louis à Tunis.
1273	**Maison de Hapsbourg en Allemagne:** Rodolphe Ier.
1274	* **Quatorzième Concile Œcuménique: Deuxième de Lyon;**
	* Institution du Conclave.
1282	** **Massacre des Vêpres Siciliennes.**
1283	Conquête du pays de Galles par les Anglais.
1297	**Guerre entre l'Ecosse et l'Angleterre :**
—	**Batailles de Dunbar et de Falkirk.**
1299	**Puissance de Gênes en Orient;** Luttes intestines.
1300	* **Premier Jubilé séculaire.**
?	Découverte de la loupe ou microscope simple.
	Perfectionnement de la boussole (Flavio Gioja).
	Usage du papier de coton en Europe.
	Intooduction de la poudre à canon en Europe.
	Apogée de la peinture sur verre.

14e siècle.

GUILLAUME TELL.

FRANCE ...... **Philippe IV, le Bel. — Robert d'Artois.**
Nogaret. — Jacques Molay.
Louis X le Hutin. — Charles de Valois.
Enguerrand de Marigny.
Philippe VI de Valois. — Eustache de Saint-Pierre.
Jean II le Bon. — Philippe de Bourgogne.
Etienne Marcel.
Charles V le Sage. — DUGUESCLIN.
Jeanne de Bourbon.
Historien : **Froissart.**
Dessinateur enlumineur : **Gringonneur.**

ANGLETERRE ... **Edouard III. — LE PRINCE NOIR.**
Philippine de Hainaut.
Jean Chandos. — Robert Knolles.

ECOSSE .... **ROBERT BRUCE.**
Robert Stuart.

ESPAGNE ...... **Alphonse XI,** le Vengeur.
Pierre le Cruel. — Henri de Transtamare.
Charles le Mauvais.

PORTUGAL ..... **Alphonse IV. —** *Inès de Castro.* **— Pierre le Justicier.**

ITALIE ... . **Boniface VIII. — Colonna. — Clément V.**
Rienzi. — Albornoz.
Grégoire XI. — *Sainte Catherine de Sienne.* **— Urbain VI.**
JEANNE Ire de Naples.
Poètes : **DANTE. — Pétrarque. — Boccace.**
    »   *Sainte Catherine de Sienne.*
Peintre et Sculpteur : **Giotto.**

SUISSE .... **Gessler. — GUILLAUME TELL.**
Furst. — Melchtal. — Stauffacher.

DANEMARK ..... *MARGUERITE DE VALDÉMAR.*

POLOGNE ...... **CASIMIR III, LE GRAND.**

EMPIRE GREC .. **Andronic II.**
Lazare.

EMPIRE TURC .. **OTHMAN. — Orkan. — Amurat Ier. — BAJAZET Ier.**

EMPIRE MONGOL **Timour-Lenck** ou **TAMERLAN.**

Indépendance de la Suisse. — Séjour des Papes à Avignon.
Schisme d'Occident.
Guerre de Cent Ans. — Origine de l'Artillerie.

1301	**Conquêtes des Turcs Ottomans en Asie Mineure.**
1302	** **Guerre entre la France et la Flandre ; bataille de Courtray.**
	** **Première convocation des Etats Généraux en France.**
1308	**Révolte et indépendance de la Suisse.**
—	* Résidence des Papes à Avignon : 70 ans.
	Famille des Visconti à Milan : Mathieu Visconti.
1309	**Prise de Rhodes par les Chevaliers hospitaliers.**
1311	* **Quinzième Concile Œcuménique : Concile de Vienne.**
—	* **Abolition de l'ordre des Templiers.**
1314	**Bataille de Bannok-Burn.** — Indépendance de l'Ecosse.
1328	** **Famille des Valois en France :** Philippe VI.
1332	**Règne glorieux de Casimir III, le Grand.**
1339	** **Guerre de Cent ans, première Période :**
	Ecluse, Crécy, Calais, Poitiers.
1343	*Règne et Crimes de Jeanne Ire de Naples.*
1346	** **Bataille de Crécy ;** emploi de la poudre à canon.
—	Invention des miroirs en verre étamé (Venise).
1347	** **Siège et prise de Calais par les Anglais.**
—	**Anarchie à Rome : République de Rienzi.**
1348	**La Peste noire en Europe.**
	Rivalité entre Pierre-le-Cruel et Henri-de-Transtamare.
1355	** **Grande Charte Française.**
	Meurtre d'Inès de Castro. — Vengeances de Pierre le justicier.
1356	** **Bataille de Poitiers : Captivité de Jean-le-Bon.**
—	** Ambition et crimes de Charles-le-Mauvais.
—	** Guerre de la Jacquerie en France.
1360	** **Traité de Brétigny.** — Trève entre la France et l'Angleterre.
1364	** **Règne réparateur de Charles-le-Sage en France :**
—	** **Exploits de Duguesclin.** — Bibliothèque nationale du Louvre.
1370	**Famille des Stuarts en Ecosse :** Robert II.
—	**Empire Mongol de Samarkand :** Conquêtes jusqu'aux Indes.
1378	* **Schisme d'Occident.**
	Commencement des Médicis à Florence.
1382	**Ruine de Moscou par les Mongols.**
	Victoires de Bajazet. — **Prise de Thessalonique.**
1396	** **Croisade contre les Turcs : Bataille de Nicopolis.**
1397	*Règne glorieux de Marguerite de Valdémar :*
—	**Union de Calmar** (Etats Scandinaves).
1399	**Famille des Lancastres en Angleterre :** Henri IV.
?	Premières Estampes ou gravures sur bois, et premiers Jeux de cartes.

15e siècle.
Première Partie : de 1401 à 1453.
MAHOMET II.

****FRANCE** . . . . **Charles VI l'Insensé.** — *Isabeau de Bavière.*
Louis d'Orléans. — *Valentine de Milan.*
JEAN-SANS-PEUR. — **Philippe-le-Bon.**
Charles VII le Victorieux.
La Hire. — **Xaintrailles.** — **Dunois.**
JEANNE D'ARC. — *Marie d'Anjou.*
La Trémouille. — **Richemond.** — **J. Bureau.**
Jacques Cœur. — **Réné Le BON.**
Poètes : **Charles d'Orléans.** — **Villon.**
Historiens : *Christine de Pisan.*
Théologiens : **GERSON.** — **Pierre d'Ailly.**
Peintre : **Jean de Bruges** (flamand).

ANGLETERRE. . . **Henri V.** — **Talbot.** — *Catherine de France.*

ESPAGNE . . . . . . **ALPHONSE V LE MAGNANIME.**
Orateur : **Saint Vincent Ferrier.**

PORTUGAL . . . . . **JEAN LE GRAND.** — **HENRI LE NAVIGATEUR.**

ITALIE . . . . **Martin V.** — **Eugène IV.**
François Sforza.
Jeanne II de Naples. — **Saint François de Paule.**
Peintre : **ANGELICO DE FIESOLE.**
Sculpteurs : **Donato Donatello.** — **GHIBERTI.**
Graveur : **Finiguerra.**
Architecte : **Brunelleschi.**

ALLEMAGNE. . . . **SIGISMOND DE BRANDEBOURG.**
Théologien : **Thomas a Kempis.**
Inventeur Typographe : **GUTTENBERG.**

HONGRIE. . . . . . . **JEAN HUNYADE CORVIN.**
Vladislas VI.

EMPIRE GREC. . . **SCANDERBERG.** — **Constantin XII.** — **Justiniani.**
Savant : **Bessarion.**

EMPIRE TURC. . . **Amurat II.** — **MAHOMET II.**

Découvertes Maritimes des Portugais.
Invention de l'Imprimerie.
Empire Turc Ottoman. — Chute de l'Empire d'Orient.

1401		**Ruine de Damas par les Mongols.**
1402	**	**Guerres civiles en France : Armagnacs et Bourguignons.**
—		**Bataille d'Ancyre : Captivité de Bajazet.**
1405		Mort de Tamerlan. — **Origine de l'Empire du Grand Mongol.**
1409		**Règne de Sigismond de Brandebourg en Allemagne, Hongrie, Bohème.**
—	*	Hérésies de Jean Huss.
1412		**Rupture de l'union de Calmar.**
1414	*	**Seizième Concile Œcuménique : Concile de Constance.**
1415	**	**Guerre de Cent ans, deuxième Période :** Azincourt, Patay, Orléans, Castillon.
—	**	**Bataille d'Azincourt.**
—		**Règne glorieux de Jean-le-Grand : Code portugais. Voyages de Henri le Navigateur, dans l'Atlantique.**
—	*	Guerre des Hussites en Allemagne.
1416		**Règne d'Alphonse V le Magnanime.**
1419		**Découverte de Madère par les Portugais.**
1420	**	**Traité de Troyes :** Henri V, roi d'Angleterre et de France.
1422	**	**Règne réparateur de Charles VII le Victorieux, en France.**
1428	**	**Siège d'Orléans par les Anglais :** *Mission de Jeanne d'Arc.*
—		Invention de la peinture à l'huile.
1429	**	Bataille de Patay.
—		**Réunion définitive du Piémont à la Savoie.**
1432		**Découverte des Açores par les Portugais. Prise de la Servie par les Turcs.**
1436	*	Ordre religieux des Minimes.
1438	**	Pragmatique sanction de Bourges. — Milice française permanente.
	**	**Organisation de l'artillerie française.**
1440		**Premier siège et défense de Belgrade.**
—		**Invention de l'Imprimerie.**
1442		**Famille d'Aragon dans les Deux-Siciles :** Alphonse.
1444		**Bataille de Varna.** — Ravages des Turcs en Morée.
—		Ecole navale portugaise : **Découverte du Cap Vert.**
1447		**Famille des Sforza à Milan :** François Sforza.
—		**Exploits de Scanderberg : résistance héroïque de Croïa.**
1452		Invention de la gravure sur cuivre, ou au burin.
1453	**	**Bataille de Castillon. — Fin de la Guerre de Cent ans.**
—		**Siège et prise de Constantinople par les Turcs :**
—		**Chute de l'Empire d'Orient.**
—		**Fin de l'Histoire du Moyen-Age.**

TROISIÈME PARTIE

HISTOIRE MODERNE

De l'an 1453 à l'an 1789 après J.-C.

15e siècle.
Deuxième Partie : de 1453 à 1500.
CHRISTOPHE COLOMB.

****FRANCE** . . . . **Louis XI. — Charles-le-Téméraire. — La Balue.**
Jeanne Hachette.
Charles VIII. — *Anne de Beaujeu.*
Gilbert de Montpensier.
PIERRE D'AUBUSSON. — *Clémence Isaure.*
Louis XII, père du peuple.
Card. d'Amboise. — *Sainte Jeanne de Valois.*
Poète : **Olivier Basselin.**

ANGLETERRE . . . **Henri VI.** — *Marguerite d'Anjou.*
Richard d'York. — WARWICK. — Richard III.

ESPAGNE . . . . . . **FERDINAND V D'ARAGON.**
ISABELLE DE CASTILLE.
XIMÉNÈS. — **Gonzalve de Cordoue.**
Boabdil. — *Zoroïs.*
CHRISTOPHE COLLOMB (Génois). — **Juan Pérès.**
Barthélemy Las Casas.

PORTUGAL . . . . . . Jean II le Parfait. — **Barthélemy Diaz.**
EMMANUEL LE GRAND. — VASCO DE GAMA.

ITALIE . . . . **SIXTE IV.** — **Alexandre VI.**
Isabelle de Naples.
LAURENT LE MAGNIFIQUE. — SAVONAROLE.
Améric Vespuce.
Savants : **Pic de la Mirandole.**
    »   **Les Lascaris** (Grecs).
Peintre : **Le Pérugin.**
Architecte : **BRAMANTE.**
Sculpteur et Peintre : **LÉONARD DE VINCI.**

ALLEMAGNE . . . . **Maximilien.** — *Marie de Bourgogne.*

HONGRIE . . . . . . **MATHIAS CORVIN.**

RUSSIE . . . . **IVAN III LE GRAND.**

TURQUIE . . . . . . **Mahomet II. — BAJAZET II. — Zizim.**

Renaissance Italienne. — Réunion des Espagnes.
Découverte de l'Amérique.
Passage du Cap de Bonne-Espérance.

1455 **Guerre des Deux-Roses** (Saint-Alban, Wakefield, Barnet, Bosworth).
— *Energie et dévouement de Marguerite d'Anjou.*
1456 **Régence, règne, exploits de Mathias Corvin.**
— **Deuxième siège et défense de Belgrade.**
1461 **Famille des Yorks en Angleterre :** Edouard IV.
— ** **Règne, pouvoir absolu, mesures tyranniques de Louis XI.**
1462 **Exploits, conquêtes, travaux d'Ivan III le Grand.**
1464 ** Institution de la poste aux lettres en France.
1465 ** Ligue du bien public contre Louis XI.
      ** **Ambition de Charles-le-Téméraire** (Bauvais, Granson, Nancy).
1471 Défaite des Lancastres à **Barnet.** — Assassinat de Henri VI.
— * **Pontificat de Sixte IV : Embellissements de Rome.**
1472 ** Siège de Beauvais : *Courage de Jeanne Hachette.*
      Règne glorieux de Laurent de Médicis.
      Prise de Gibraltar sur les Maures.
1474 **Mariage de Ferdinand d'Aragon** et *d'Isabelle de Castille :*
— **Réunion définitive des Espagnes.**
1476 **Batailles de Granson et de Morat.**
1477 ** **Siège de Nancy.** — Mort de Charles-le-Téméraire.
      ** **Mariage de Maximilien et de Marie de Bourgogne :**
— Origine de la puissance de la maison d'Autriche.
1480 **Premier siège et défaite de Rhodes.**
— **Prise d'Otrante par les Turcs :** Horribles cruautés.
1483 **Crimes de Richard III :** Meurtre des enfants d'Edouard.
— ** *Habile Régence d'Anne de Beaujeu en France.*
1485 **Bataille de Bosworth : Fin de la guerre des Deux-Roses.**
— **Famille des Tudors en Angleterre :** Henri VII.
1486 **Découverte du Cap de Bonne-Espérance par les Portugais.**
1492 **Prise de Grenade sur les Maures :**
— Fin du royaume des Maures en Espagne.
— **Découverte de l'Amérique par les Espagnols :**
      San Salvador, Cuba, Haïti.
— **Fondation de Saint Domingue.**
1494 ** Conquête de Naples par Charles VIII.
— **Prédications et puissance de Savonarole à Florence.**
1495 ** Bataille de Fornoue : Les Français quittent l'Italie.
1498 **Passage du Cap de Bonne-Espérance :**
— **Premiers établissements Portugais dans les Indes.**
— ** **Famille des Valois-Orléans en France :** Louis XII.
— ** Conquête du Milanais et de Gênes par Louis XII.
1500 **Découverte du Brésil par les Portugais.**
1 Invention des écluses.

16e siècle.

Première Partie : de 1501 à 1550.

CHARLES - QUINT.

****FRANCE**	**Louis XII**, père du peuple. — *Anne de Bretagne.*
	La Palice. — **Trivulce.** — **Gaston de Foix.**
	FRANÇOIS Ier, père des lettres.
	BAYARD. — **Bourbon.** — *Louise de Savoie.*
	VILLIERS DE L'ILE ADAM. — **Jacques Cartier.**
	Poètes : **Marot.** — *Marguerite de Navarre.*
	Historien : **Le Loyal Serviteur** (pseudonyme).
	Conteur : **Rabelais.**
	Typographes : **Les Estienne.**
*** ANGLETERRE**	**Henri VIII.** — *Catherine d'Aragon.* — *Anne de Boleyn.*
	Wolsey. — **Thomas Morus.**
ESPAGNE	**Ferdinand V** le Catholique.
	GONZALVE DE CORDOUE.
	Philippe le Beau. — *Jeanne la Folle.*
	CHARLES-QUINT (Ier). — *Isabelle de Portugal.*
	Fernand Cortès.
	Pizarre. — **Almagro.**
*****	**SAINT IGNACE DE LOYOLA.**
*****	**SAINT FRANÇOIS XAVIER**, apôtre des Indes.
PORTUGAL	**ALBUQUERQUE.**
	MAGELLAN.
*** ITALIE**	**Jules II.** — **LÉON X.** — **Clément VII.** — **Paul III.**
	Maximilien Sforza. — **André Doria.**
	Poète : **L'Arioste.**
	Historien : **Machiavel.**
	Peintre : **RAPHAEL.**
	Architecte, sculpteur, peintre : **MICHEL-ANGE.**
	Graveur : **Benvenuto Cellini.**
ALLEMAGNE	**Maximilien.** — **CHARLES-QUINT.**
*****	**LUTHER.**
	Graveur : **Albert Durer.**
*** SUISSE**	**Zwingle.** — **Calvin.**
*** PRUSSE**	**Albert de Brandebourg.**
	Astronome : **COPERNIC.**
PAYS-BAS	*Marguerite d'Autriche.*
	Savant : **Erasme.**
SUÈDE	**GUSTAVE WASA.**
POLOGNE	**SIGISMOND LE GRAND.**
EMPIRE TURC	**Sélim Ier.** — **SOLIMAN LE GRAND.** — *Roxelane.*
AFRIQUE	**Chereddin Barberousse.** — **Dragut.**
AMÉRIQUE	**Montézuma.** — **Guatimozin.** (Mexique.)
	Huascar. — **Atahualpa.** (Pérou.)

Quatrième Siècle Littéraire : Renaissance Française.
Guerres de Religion en Allemagne.— Puissance de la Maison d'Autriche. — Nouveau système Astronomique.

1501	**	**Conquête de Naples par Louis XII et Ferdinand V.**
1503	*	**Pontificat de Jules II** : Construction de la Basilique de Saint Pierre.
—	**	**Batailles de Séminare et de Cérignoles.**
1506		**Règne glorieux et civilisateur de Sigismond le Grand.**
		Sage administration de Marguerite d'Autriche dans les Pays-Bas.
1507	**	**Ligue de Cambrai contre les Vénitiens** : Bataille d'Agnadel, 1509.
1510		**Conquête de Goa par les Portugais :**
—		**Empire maritime portugais.**
1512	**	**Sainte Ligue contre Louis XII.**
—		**Batailles de Ravennes et de Guinegate.**
1513	*	Pontificat de Léon X : Période artistique et littéraire.
1515	**	**Famille des Valois-Angoulème en France : François I**er.
—	**	**Règne brillant de François I**er :
—		**Renaissance des Lettres et des Arts.**
—	**	**Bataille de Marignan** ; conquête du Milanais par François Ier.
1516		**Fam. d'Autriche en Espagne et à Naples** : Charles Ier (Ch. Quint).
1517	*	Hérésies de Luther : Le Protestantisme en Allemagne.
—		**Conquête de l'Egypte, de la Palestine, de la Syrie par les Turcs**
1519		**Charles-Quint, empereur : Puissance de la Maison d'Autriche**
—	**	**Rivalité entre Charles-Quint et François I**er.
		(Mézières, Pavie, Rome, Cérisoles.)
—		**Premier voyage autour du monde.**
1520		**Règne glorieux de Soliman le Grand :** *Crimes de Roxelane.*
1521		**Prise de Belgrade par les Turcs.**
—		Siège et défense de Mézières.
1522		**Second siège, belle résistance et capitulation de Rhodes.**
1523		**Révolte et Indépendance de la Suède ;**
—		**Dynastie des Wasa :** Gustave Ier.
—		**Conquête du Mexique par les Espagnols.**
1525	**	**Bataille de Pavie : Captivité de François I**er.
1526	**	**Traité de Madrid** : première trève entre François Ier et Charles-Quint.
—		Sécularisation de l'ordre teutonique : **Duché de Prusse.**
1527		Réunion de la Hongrie et de la Bohème à l'Autriche.
—	**	**Siège de Rome par Bourbon.**
1529		**Siège de Vienne par les Turcs** (vingt assauts).
—	**	**Traité de Cambrai** : deuxième trève entre François Ier et Ch. Quint.
1533	*	**Schisme d'Angleterre** : Eglise anglicane ;
—	*	**Crimes, tyrannie politique et religieuse de Henri VIII.**
—		**Conquête du Pérou par les Espagnols** : Fin de la dyn. des Incas.
1534		**Prise de Bagdad par les Turcs.**
—	*	Ordre religieux des Jésuites.
1536	**	**Premiers Etablissements français dans le Canada.**
1541	*	Missions de saint François Xavier dans les Indes et au Japon.
—	*	Conseil espagnol dans les Indes Occidentales.
1543		**Publication du système astronomique de Copernic.**
1544	**	**Bataille de Cérisoles, traité de Crépy :**
—	**	Fin de la lutte entre Charles-Quint et François Ier.
1545	*	**Dix-huitième Concile Œcuménique : Concile de Trente.**
1546		**Siège et résistance de Malte.**

16e siècle.

Deuxième Partie : de 1551 à 1600.

ÉLISABETH.

FRANCE . . . .
Henri II. — **FRANÇOIS DE GUISE.**
Anne de Montmorency.
François II. — Antoine de Bourbon. — *Jeanne d'Albret.*
Louis de Condé.
Charles IX. — *CATHERINE DE MÉDICIS.* — Condé.
Henri de Béarn (Henri IV). — Coligny. — L'Hôpital.
Henri III. — Joyeuse. — Henri de Guise. — Mayenne.
Achille de Harlay. — Bussy le Clerc.
Catherine de Montpensier.
HENRI IV. — *Marguerite de Valois.* — **SULLY.**
MORNAY. — Crillon. — Biron. — Olivier de Serres.
Poëtes : **Ronsard.** — **Malherbe.**
   »   *Louise Labé (la belle Cordière).*
Traducteur : **Amyot.**
Philosophe : **Montaigne.**
Jurisconsulte : **L'HÔPITAL.**
Sculpteurs : **Jean Goujon.** — **Germain Pilon.**
Architectes : **Pierre Lescot.** — **PHILIBERT DELORME.**
Ingénieur : **Adam de Craponne.**
Potier : **BERNARD PALISSY.**
Médecin : **Ambroise Paré.**

ANGLETERRE . . .
MARIE TUDOR. — Card. **Pole.** — *Jane Grey.*
ELISABETH. — **Essex.** — **Bacon.** — **Raleigh.** — **Davis.**

ÉCOSSE . . . .
Jacques V. — *Marie de Lorraine.*
MARIE STUART. — **Darnley.** — **Douglas.** — **Murray.**
Jacques VI.

ESPAGNE . . . . . .
PHILIPPE II. — *Marguerite de Parme.* — **Duc d'Albe.**
DON JUAN. — Don Carlos.
Théologien : *Sainte Thérèse.*

PORTUGAL . . . . . .
Poëte : **LE CAMOENS.**

ITALIE . . . .
Saint Pie V. — **GRÉGOIRE XII.** — **LA VALETTE.**
ALEXANDRE FARNÈSE.
Saint Charles Borromée.
Musicien : **PALESTRINA.**
Peintres : **TITIEN.** — Paul Véronèse. — **LE TINTORET.**
   »   Le Corrège. — Les Carrache. — **PRIMATICE.**
Théologien : **Saint Charles Borromée.**
Savant : **Matthieu Ricci.**
Typographes : **Les Alde Manuce.**

SAVOIE . . . .
Charles III le Bon. — **EMMANUEL PHILIBERT.**
Saint François de Sales.

ALLEMAGNE . . . .
Ferdinand Ier. — **Maximilien II.**

SUISSE . . . .
Bonnivard.

PAYS-BAS . . . . . .
Guillaume Ier le Taciturne. — **Egmond.** — **De Hornes.**
Géographe : **Mercator.**
Physicien : **Jansen.**

DANEMARK . . . . .
Astronome : **Tycho-Brahé.**

RUSSIE . . . .
IVAN III, LE TERRIBLE. — Yermack.

POLOGNE . . . .
Henri de Valois. — Étienne Bathori.

EMPIRE TURC . .
Sélim II. — Amurat III.

CHINE . . . .
Chintsong. — **MATTHIEU RICCI** (jésuite italien).

Guerres de Religion en France.
Progrès de la Marine Anglaise. — Avènement des Bourbons.

1551   **Règne civilisateur et tyrannique d'Ivan III, le Terrible.**
1552 ** **Conquête des Trois-Évêchés par la France.** — Défense de Metz.
1553   *Règne de Marie Tudor. — Mort de Jeanne Grey.*
1556   **Gouvernement absolu de Philippe II d'Espagne.**
—   Etablissement des Réductions du Paraguay par les Jésuites.
1557 ** **Bataille de Saint-Quentin.**
1558 ** **Reprise de Calais sur les Anglais.**
—   *Règne glorieux d'Elisabeth Tudor :*
—   Mesures tyranniques contre les catholiques.
1559 ** **Traité de Cateau-Cambresis :**
—   ** Fin de la guerre entre la France et l'Espagne.
1560 ** **Puissance des Guises en France.** — Conjuration d'Amboise.
—   ** Avènement de Charles IX : *Régence de Catherine de Médicis.*
1561   *Règne, fautes, malheurs de Marie Stuart.*
1562 ** Massacre de Vassy :
—   ** **Commencement des guerres de religion en France.**
1563 ** Siège d'Orléans par les Protestants : assassinat de Guise.
1565   **Deuxième siège et résistance de Malte.**
1566   **Premier soulèvement des Pays-Bas.** — Guerre des Gueux.
1569 ** **Victoires des Catholiques de France : Jarnac, Moncontour.**
1571 * **Grande victoire de Lépante sur les Turcs.**
1572 ** **Massacre de la Saint Barthélemy.**
—   Fin des Jagellons en Pologne ; royauté élective.
1573   **Conquête de Chypre par les Turcs.**
—   **Établissement des Tartares-Mandchoux au Nord de la Chine.**
1576 ** **Sainte Ligue ou Ligue Catholique en France.** Conseil des Seize.
—   * **Peste de Milan :** Dévouement de saint Charles Borromée.
1579   **Indépendance des Pays-Bas protestants :**
—   Etablissement du Stathoudérat.
1581   **Conquête de la Sibérie par les Russes.**
         Réunion momentanée du Portugal à l'Espagne.
1582   Troisième réforme du calendrier : Calendrier Grégorien.
1583   * Missions des Jésuites en Chine.
1585   * **Glorieux pontificat de Sixte-Quint :**
—   Prospérité des Etats Romains.
1587 ** **Victoire des Protestants de France à Coutras.**
—   *Condamnation et mort de Marie Stuart.*
—   Etablissements des Anglais dans la Virginie.
1588   Défaite de l'invincible Armada.
1589 ** **Famille des Bourbons en France :** Henri IV.
1590 ** Victoires de Henri IV sur les Ligueurs. — **Siège de Paris.**
—   ** **Règne réparateur de Henri IV.**
—   ** **Ministère de Sully.** — Prospérité de la France.
—   Invention du microscope composé.
1595   **Premières colonies hollandaises dans les Indes et à Java.**
1598 ** **Édit de Nantes.**

17e siècle.
Première Partie : de 1601 à 1650.
RICHELIEU.

FRANCE . . . . **HENRI IV.** — **Biron.**
Louis XIII. — *Marie de Médicis.* — **Concini.** — **Luynes.**
RICHELIEU. — Gaston d'Orléans. — **Montmorency.**
Cinq-Mars. — *Sainte Jeanne de Chantal.*
Louis XIV. — **MAZARIN.** — Le grand **CONDÉ.**
TURENNE. —*Anne d'Autriche.*—*Mademoiselle de Montpensier.*
Paul de Gondi. — **Mathieu Molé.** — **Beaufort.**
Madame de Longueville.
SAINT VINCENT DE PAUL.
Poètes : **CORNEILLE.** — Racan.
Historiens : **Sully.** — **Mézeray.** — Card. **de Retz (Gondi).**
Philosophes : **DESCARTES.** — Pascal.
Grammairiens : **Ménage.** — Vangelas.
Peintres : **Vouet.** — **LESUEUR.**
Graveur : **CALLOT.**
Physicien et Géomètre : **Pascal.**

ANGLETERRE . . . **Jacques Ier (VI en écosse).** — **Buckingham.** — **Baffin.**
CHARLES Ier. — *HENRIETTE DE FRANCE.*
Laud. — **Strafford.**
CROMWEL. — **Fairfax.** — **Fox.**
Poète : **SHAKESPEARE.**
Philosophe : **BACON.**
Médecin : **HARVEY.**

ÉCOSSE . . . . **Jacques VI (Ier en Angleterre).**
Physicien : **GRÉGORY.**

ESPAGNE . . . . . . **Philippe III.**
Philippe IV. — **OLIVARÈS.** — Mellos. — **Fuentès.**
Poète : **CERVANTÈS.**

PORTUGAL . . . . . . **Jean IV.** — *Louise de Guzman.* — **Pinto.**

ITALIE . . . . Peintres : **Le Dominiquin.** — **Le Guide.**
Astronome et physicien : **GALILÉE.**
Physicien : **TORICELLI.**

SAVOIE . . . . **CHARLES-EMMANUEL le Grand.**
Théologien : **SAINT FRANÇOIS DE SALES.**

ALLEMAGNE . . . . **Rodolphe II.** — **Mathias.**
Ferdinand II.—**Ferdinand III.**—**Frédéric V (Palatin).**
Mansfeld. — **Christian de Brunswick.**
Bernard de Saxe-Weimar. — **Maximilien de Bavière.**
TILLY. — **WALDSTEIN.**
Physiciens : **OTTO DE GUÉRIKE.** — Metzu.
Astronome : **KÉPLER.**

PAYS-BAS . . . . . . Peintres : **RUBENS.** — **Van-Dyck.** — **Téniers.**
Typographe : **ELZÉVIR.**
Physicien : **Drebbel.**

SUÈDE . . . . **Charles IX.** — **GUSTAVE ADOLPHE.** — **Oxenstiern.**
CHRISTINE. — **Torstenson.** — **Wrangel.**

RUSSIE . . . . **Michel Romanoff.**

TURQUIE . . . . **Amurat IV.** — **Bajazet.**

Guerre de Trente Ans. — Équilibre Européen.
Révolution Anglaise. — Extension des Colonies Européennes.
Explorations Polaires. — Progrès des Sciences Physiques.

1603   **Famille des Stuarts en Angleterre** : Jacques Ier (VI en Ecosse).
1605   **Découverte de l'Australie par les Hollandais.**
—   **Famille des Romanoff en Russie** : Michel.
1608 ** **Fondation de Québec.**
—   **Etablissements hollandais en Amérique** :
—   **Fondation de New-Amsterdam (New-York).**
1609   Expulsion des Maures d'Espagne.
1610 ** **Assassinat de Henri IV.** — *Régence de Marie de Médicis.*
1611   **Règne glorieux et prospère de Gustave-Adolphe.**
—   **Premières explorations dans les mers polaires du Nord.**
1615   * Horrible persécution contre les Catholiques du Japon.
1616   Invention du télescope.
1618   **Guerre de Trente ans : Période Palatine.**
       Découverte des lois de la circulation du sang.
1621   **Ministère d'Olivarès en Espagne.**
       Invention du thermomètre.
1624 ** **Ministère de Richelieu en France** : guerre de la Valteline.
—   **Période Danoise de la Guerre de Trente Ans** (Stralsund).
—   **Fondation de Christiania.**
1628 ** **Siège de La Rochelle.** — Fin des guerres de religion en France.
—   **Siège et résistance de Stralsund** ; édit de restitution.
1630   **Période Suédoise de la Guerre de Trente ans :**
1631   Sac de Magdebourg. — **Bataille de Leipzig** ;
1632   **Bataille de Lutzen.** — Mort de Gustave-Adolphe.
—   *Règne de Christine.*
1634 ** **Période Française de la Guerre de Trente Ans.**
           (Rheinfeld, Rocroy, Fribourg, Nordlingue, Lens.)
—   * Ordre religieux des Sœurs de la Charité.
1638   **Révolte, siège, capitulation de Bagdad.**
1639   ** **Bataille de Rheinfeld : Conquête de l'Alsace par la France.**
1640   **Première révolution anglaise** : le long parlement, guerre civile.
—   *Energie et dévouement de Henriette de France.*
—   ** **Conquête de l'Artois par la France.**
—   **Indépendance du Portugal : Maison de Bragance** : Jean IV.
1642 ** **Conquête du Roussillon.**
—   ** Premier canal à écluses : Canal de Briare.
1643 ** **Avènement de Louis XIV.** — *Régence d'Anne d'Autriche.*
—   ** **Ministère de Mazarin.** — **Bataille de Rocroy.**
—   Invention du baromètre.
—   **Conquête de Candie par les Turcs** : Résistance de la capitale.
1644 ** **Bataille de Fribourg.**
1648 ** **Bataille de Lens.**
—   **Traité de Wesphalie** : Fin de la guerre de Trente Ans.
—   **Equilibre européen ;** Fin des guerres de religion en Allemagne.
1649   ** Guerre civile de la Fronde en France.
—   **Exécution de Charles Ier. — République anglaise.**
—   **Première machine pneumatique.**

17ᵉ siècle.

Deuxième Partie : de 1651 à 1700.

LOUIS XIV.

FRANCE...... **LOUIS XIV.** — *Marie-Thérèse.* — *Henriette d'Angleterre.*
COLBERT. — De Lionne. — **Louvois.** — Letellier.
Condé. — Turenne. — **LUXEMBOURG.** — Catinat.
VAUBAN. — **DUQUESNE.** — Tourville.
JEAN-BART. — D'Estrées.
Madame de Maintenon.
La Salle. — Riquet.
Poètes : **RACINE.** — **MOLIÈRE.** — Boileau.
 » **LAFONTAINE.** — J.-B. Rousseau.
 » *Deshoulières.*
Orateurs : **BOSSUET.** — Fléchier. — Mascaron.
 » Fénelon. — Bourdaloue. — Pellisson.
Moralistes : La Bruyère. — La Rochefoucauld.
 » Fénelon.
Philosophes : Arnaud. — Nicole. — Malebranche.
Historiens : Bossuet. — Saint-Réal. — Tillemont.
Grammairien : Lancelot.
Traducteurs : *Dacier.* — Dacier.
Conteur : Perrault.
Style épistolaire : *Sévigné.* — *Maintenon.* — *Grignan.*
Peintres : **POUSSIN.** — Lebrun. — Mignard.
Sculpteurs : Puget. — **COYSEVOX.** — Girardon.
Architectes : **Mansard.** — Claude Perrault.
 » Lenôtre (dessinateur).
Naturaliste : Tournefort. — Agronome : **La Quintinie.**
Physicien : **PAPIN.**
Calculateur : Barrême.

ANGLETERRE... **CROMWEL.** — Blake.
Charles II. — Monck. — Jacques II.
WILLIAM PENN.
Poète : **MILTON.**
Astronome : **NEWTON.**
Mécaniciens : Newcomen. — Cawley.

ESPAGNE....... **Philippe IV.** — Louis de Haro.
Peintres : Vélasquez. — **MURILLO.**

ITALIE........ Innocent XI. — Innocent XII.
Peintres : L'Albane. — Le Guerchin. — **Le Bernin.**
 » **SALVATOR ROSA.**

SAVOIE........ Victor-Amédée II. — Prince **EUGÈNE.**
Astronome : **CASSINI.**

ALLEMAGNE.... Léopold Iᵉʳ. — **MONTÉCUCULLI.** — Tékéli.
Philosophe : Leibnitz.

PAYS-BAS..... Jean de Witt. — Guillaume III. — Tromp. — **RUYTER.**
Savant et mécanicien : Huygens.
Peintres : Philippe de Champagne. — **REMBRANDT.**
 » Téniers le Jeune.

SUÈDE........ **CHARLES XII**

RUSSIE........ *Sophie.* — *Nathalie.* — Pierre le Grand. — Lefort (français).

POLOGNE...... Jean Casimir. — **JEAN SOBIESKI.**

TURQUIE...... Mahomet IV. — Les Koproli. — Kara Mustapha.

INDES........ **AURENG-ZEYB.**

CHINE........ **KANG-HI.**

AMÉRIQUE..... **William Penn** (Anglais).

Cinquième Siècle Littéraire. — Prépondérance de la France.
Dernières luttes de l'Europe contre les Turcs.

1651   **Guerre d'extermination en Irlande.** — Victoires de Cromwell.
1653   **Cromwell, Protecteur de la République Anglaise;**
  —   Expulsion du Parlement.
1654   *Abdication, voyages, abjuration de Christine de Suède.*
  ** **Bataille des Dunes.** — Dunkerque aux Anglais.
       Invention des Horloges à pendule et à ressort spiral.
       Première machine électrique.
1659   **Traité des Pyrénées** entre la France et l'Espagne.
       Gloire du Grand-Mongol Aureng-Zeyb :
       Conquêtes, justice, commerce, agriculture.
1660   **Restauration des Stuarts :** Charles II.
1661 ** **Gouvernement personnel de Louis XIV.—Royauté absolue.**
  ** **Ministère de Colbert :** Extension de la marine française.
  —   ** Codes. — Académies.
1663   * Création du Séminaire des Missions étrangères à Paris.
1665   Découverte des Lois de l'Attraction universelle.
1667 ** **Guerre entre la France et l'Espagne :**
  ** **Conquête de la Flandre par Louis XIV.**
1668 ** **Traité d'Aix-la-Chapelle** entre la France et l'Espagne.
  ** **Premier Etablissement français dans l'Inde :** Chandernagor.
1669   **Conquête de Candie par les Turcs** (13 ans de siège).
1672 ** **Guerre entre la France et la Hollande;** inondation d'Amsterdam.
1674 ** **Première coalition contre Louis XIV :**
  —   **Conquête de la Franche-Comté par Louis XIV;**
  —   ** **Bataille de Senef.** — **Ravages dans le Palatinat;**
       Campagne d'Alsace : Mulhouse. Colmar;
1676 ** **Combat de Messine:** Mort de Ruyter;
1678 ** **Traité de Nimègue:** Fin de la première coalition.
       Origine des Wighs et des Tories en Angleterre.
1679   * Ordre religieux des Frères de la Doctrine chrétienne.
1680 ** **Etablissements français dans la Louisiane,**
1681 ** **Strasbourg réuni à la France.**
1682   **Fondation de Philadelphie.**
1683   **Défense de Vienne contre les Turcs.**
1685   ** Révocation de l'édit de Nantes.
       Fondation de Calcutta.
1687 ** **Deuxième coalition contre Louis XIV,** ou Ligue d'Augsbourg.
       (Fleurus, Nerwinde, Staffarde, la Hogue, Saint-Vincent.)
  ** **Nouveaux ravages dans le Palatinat.**
1688   **Deuxième révolution anglaise:** Avènement de Guillaume d'Orange.
1689   **Avènement de Pierre le Grand.** — Création d'une marine russe.
1690 ** Victoires des Français à Fleurus, Nerwinde, **Staffarde.**
  —   **Bataille de la Boyne:** Défaite de Jacques II.
1691 ** **Combats de la Hogue et du Cap Saint-Vincent.**
  —   ** **Exploits de Jean Bart.**
       Première machine à vapeur.
1698 ** **Traité de Riswick.** — Fin de la deuxième coalition.
  —   **Avènement de Charles XII en Suède.**
1700   **Ligue contre Charles XII. — Bataille de Narva.**

18e siècle.
Première Partie : de 1701 à 1750.
PIERRE LE GRAND.

FRANCE ...... **Louis XIV.** — Villeroy. — **VILLARS.**
DUGAY-TROUIN.
Louis XV. — Philippe d'Orléans. — Law. — **Dubois.**
Fleury. — Belle-Isle. — Coigny. — Broglie.
Marie Leczinska. — *Joséphine de Saxe.* — **De Belzunce.**
La Bourdonnais. — **DUPLEIX.**
Poètes : Louis Racine. — Voltaire. — Crébillon.
   »   Gilbert. — Pompignan.
Orateurs : **MASSILLON.** — P. Bridaine. — Daguesseau.
Historiens : **ROLLIN.** — Saint-Simon. — Vertot.
   »   Fleury.
Moraliste : **Vauvenargues.**
Philosophe : **MONTESQUIEU.**
Grammairien : **Dumarsais.**
Savants : **FONTENELLE.** — La Condamine.
Sculpteurs : Bouchardon. — Les **COUSTOU.**
Architecte : **SOUFFLOT.**
Peintres : **Watteau.** — Boissieu.
Naturalistes : **Les JUSSIEU.**
Physiciens : **PAPIN.** — Réaumur.

ANGLETERRE ... *ANNE STUART.*
MARLBOROUGH. — *Lady Marlborough.*
Georges II. — Walpole. — Lord Clive. — **ANSON.**
Jacques Stuart. — Charles Edouard.
Poètes : **Pope.** — **Young.**
Historiens : Hume. — Robertson.
Romanciers : De Foë. — Goldsmith. — Swift.

ESPAGNE ...... Philippe V. — **ALBÉRONI.**
Princesse des Ursins. — *Elisabeth Farnèse.*

ITALIE .... **BENOIT XIV.** — Saint Alphonse de Liguori.
Théologien : Benoît **XIV.**
Musicien : **PERGOLÈSE.**
Architecte : **SERVANDONI.**

SAVOIE .... Victor-Amédee II. — Charles-Emmanuel III.
ALLEMAGNE .... Charles VI. — *MARIE-THÉRÈSE.* — Batthiany.
MAURICE DE SAXE.
Musicien : **Haendel.**
Potier : **Botticher.**

PRUSSE ...... Frédéric Ier. — Frédéric-Guillaume Ier.
FRÉDÉRIC II.
Physicien : **Fahrenheit.**

PAYS-BAS ...... **Heinsius.**
Peintre : **Van-Dyck** (le petit).

SUÈDE .... **CHARLES XII.** — Levenhaupt.
Naturaliste : **LINNÉ.**

DANEMARK ..... Frédéric V. — Behring.
RUSSIE .... **PIERRE-LE-GRAND.** — Menzikoff. — Shémérétoff.
Youssoupoff. — Mazeppa.
CATHERINE Ire — Pierre II. — Dolgorouki.
ELISABETH.

POLOGNE ...... Auguste II. — **STANISLAS Ier LECZINSKI.**
TURQUIE ...... Achmet III. — Mahmoud Ier. — *Validé.*
PERSE .... **NADIR-SHAH.**

Guerres de Succession. — Puissance de la Maison de Bourbon.
Civilisation de la Prusse et de la Russie.
Premières applications de la Vapeur.

1701 ** **Famille des Bourbons en Espagne :** Philippe V.
— ** **Troisième coalition contre Louis XIV , ou Guerre de Succession d'Espagne.**
(Friedlingen, Gibraltar, Ramillies, Malplaquet, Rio Janeiro, Denain.)
Couronnement du **premier roi de Prusse** : Frédéric-Guillaume.
1702 ** **Bataille de Friedlingen.**
1703 **Fondation de Saint-Pétersbourg et de Kronstadt.**
1704 **Conquête de Gibraltar par les Anglais.**
Règne trop court, et vicissitudes de Stanislas Leckzinski.
1706 ** **Batailles des Ramillies et de Turin.**
1707 Réunion de l'Ecosse à l'Angleterre.
— ** Premiers essais de navigation à vapeur.
1709 **Bataille de Pultawa.** — Défaite et aventures de Charles XII.
— *Energie et dévouement de Catherine de Russie.*
1710 ** **Batailles de Malplaquet et de Villa Viciosa.**
1711 ** **Bombardement de Rio Janeiro par les Français.**
1712 ** **Bataille de Denain.**
1713 ** **Traités de succession d'Utrecht et de Rastadt :**
** Fin de la guerre de Succession d'Espagne.
— Organisation de l'armée prussienne ; les grenadiers de Potsdam.
1714 **Famille de Brunswick-Hanovre en Angleterre :** Georges Ier.
1715 ** **Régence du duc d'Orléans en France :**
— ** **Système financier de Law.**
— Tentatives et défaites de Jacques Stuart, premier prétendant.
1716 **Victoires de Péterwardein et de Belgrade sur les Turcs.**
1717 ** **Fondation de la Nouvelle-Orléans.**
1720 ** **Peste de Marseille :** Dévouement de Mgr de Belzunce.
— La Sardaigne au duc de Savoie :
— **Royaume de Sardaigne ou Etats Sardes.**
1725 *Règne de Catherine Ire en Russie.*
1728 **Découverte du détroit de Béhring par les Danois.**
1731 ** **Famille de Bourbon à Parme :** Don Carlos.
1733 ** **Guerre de Succession de Pologne :**
— ** **Siège et capitulation de Dantzick.**
** **Batailles de Bitonto, Parme, Guastalla.**
1736 **Régence, avènement, victoires de Nadir-schah en Perse.**
1738 ** **Traité de Vienne.** — Fin de la guerre de Succession de Pologne.
— **Famille d'Austro-Lorraine en Toscane :** François II.
— ** **Famille de Bourbon à Naples :** Charles IV.
1739 * Grande persécution contre les Catholiques de la Chine.
1740 * **Pontificat et règne prospère de Benoît XIV.**
1741 ** **Guerre de Succession d'Autriche.**
(Prague, Dettingen, Fontenoy, Madras, Maëstricht.)
— *Héroïsme et vertus de Marie-Thérèse ; dévouement des Hongrois.*
— *Crimes et règne prospère d'Elisabeth de Russie.*
— ** **Retraite de Prague. — Bataille de Dettingen :**
1745 ** **Bataille de Fontenoy.**
Exploits du commodore Anson.
1746 ** **Siège de Madras par les Français.**
1748 ** **Siège de Maëstricht par les Français.**
— ** **Traité d'Aix-la-Chapelle.** Fin de la guerre de Succession d'Autriche.

18e siècle.

Deuxième Partie : de 1751 à 1789.

WASHINGTON.

FRANCE .... Louis XV.—Richelieu.—Soubise.—Assas.—Castries.
MONTCALM. — LALLY TOLLENDAL.
Choiseul. — De Vaux.
LOUIS XVI. — TURGOT. — MALESHERBES.
Necker.—La Fayette.—Rochambeau.—D'Orvilliers.
De Suffren. — La Pérouse. — Bougainville.
De L'ÉPÉE. — Haüy (Valentin). — MONTGOLFIER.
Poètes : **DELILLE.** — Ducis. — Florian. — A. Chénier.
Prosateur : **Beaumarchais.**
Archéologue : **Barthélemy.**
Historien : **Voltaire.**
Philosophes : **VOLTAIRE. — J.-J. ROUSSEAU.**
    »   Condillac. — D'Alembert. — Diderot.
Littérateurs : **Marmontel. — LA HARPE.**
Moralistes : **BERNARDIN DE SAINT-PIERRE.**
    »   Berquin.
Typographe : **Ambroise DIDOT.**
Peintres : **DAVID.** — Joseph **VERNET.** — *Lebrun.*
Sculpteurs : **PIGALLE.** — Falconet.
Musiciens : **Rameau.** — Méhul. — Grétry (liégeois).
Naturalistes : **BUFFON.** — Laurent de **JUSSIEU.**
Chimistes : **LAVOISIER. — GUYON DE MORVEAU.**
Physiciens : Cugnot. — Jouffroy. — Phil. Lebon.
Mécanicien : **VAUCANSON.**
Astronomes : Lalande. — **LAPLACE.**
Agronome : **Parmentier.**
Médecins : **Bichat.** — Bourgelat (vétérinaire).
Géomètres : **D'Alembert. — MONGE.**
ANGLETERRE... Georges III. — **WILLIAM PITT** (père). — **FOX** (père).
Cornwallis. — Rodney. — **COOK.**
Orateurs : **Pitt. — Fox. — Burke. — Shéridan.**
Historien : **Gibbon.**
Astronome : **HALLEY.** — Ingénieur : **Blacket.**
ÉCOSSE........ Physicien et mécanicien : **WATT.**
ESPAGNE ...... Charles III. — D'Aranda.
Poète : **Yriarte.**
PORTUGAL...... Joseph Ier. — **POMBAL.**
ITALIE......... Clément XIV. — Pie VI. — Pascal Paoli.
Ch. Buonaparte. — *Lœtitia Ramolino.*
Poète : **Métastase.**
Musicien : **Piccini.**
Physicien : **Galvani.**
ÉTATS-SARDES.. Victor-Amédée III.
ALLEMAGNE .... *MARIE-THÉRÈSE.* — Kaunitz.— Daun. — Joseph II.
Poètes : **GOETHE. — SCHILLER. — KLOPSTOCK.**
Philosophes : **Kant.** — Holbach.
Musiciens : Glück. — Bach. — **MOZART. — HAYDN.**
Astronome : **HERSCHELL.**
SUISSE......... Physiciens : **DE SAUSSURE.** — Lesage (français).
PRUSSE........ **FRÉDÉRIC II.** — Ferdinand de Brunswick.
RUSSIE .... *CATHERINE II.* — Potemkin. — Youssoupoff (fils).
POLOGNE....... Stanislas Poniatowski.
INDES......... **HYDER-ALI.**
AMÉRIQUE ..... **WASHINGTON. — FRANKLIN.**

Découvertes Scientifiques. — Inventions.
Puissance Anglaise dans l'Inde.—Indépendance des Etats-Unis.
Les Encyclopédistes et les Economistes.

1751		*Prospérité de l'Autriche sous Marie-Thérèse;* embellissements de Vienne.
—		**Prospérité de la Prusse sous Frédéric II** ; Embell. de Berlin.
—		**Ministère glorieux et despotique de Pombal en Portugal.**
1755		Tremblement de terre et destruction de Lisbonne.
	**	Première institution des Sourds-Muets : langage mimique.
1756	**	**Guerre de Sept Ans.**
		(Rosbach, Lissa, Québec, Clostercamp, Liegnitz, Pondichéry.)
—		**Ministère de Pitt en Angleterre.**
—		Guerre entre les Anglais et les Indiens : Bataille de Plassey ;
—		**Le Bengale aux Anglais.**
1757	**	**Batailles de Rosbach et de Lissa** ou Leuthen.
—		Invention du paratonnerre.
1759	**	**Prise de Québec par les Anglais.**
—	**	Perte du Canada pour la France.
1760	**	**Bataille de Closter-Camp** : Dévouement de d'Assas.
—		**Batailles de Liegnitz et de Torgau.**
1761	**	Pacte de famille entre les souverains de la maison de Bourbon.
—	**	**Siège de Pondichéry par les Anglais.**
1762	**	Expulsion des Jésuites de France.
1763	**	**Traité de Paris.** — Fin de la guerre de Sept Ans :
—		**Suprématie maritime de l'Angleterre,**
—		**Agrandissement de la Prusse.**
1766		**Règne prospère de Charles III en Espagne ;**
—		Ministère de d'Aranda.
1768	**	**Soumission de la Corse à la France.**
—	*	**Ligue catholique en Pologne.**
—		**Premier voyage de Cook** : Découverte de la Nouvelle-Zélande.
		Victoires d'Hyder-Ali dans les Indes.
	**	Invention du chariot à vapeur ou locomotive.
1772		**Premier partage de la Pologne** (les suivants : 1792 et 1795).
—	*	Suppression de l'Ordre des Jésuites.
		Soulèvement des Anglo-Américains contre la métropole.
1774		**Congrès de Philadelphie.**
—	**	**Avènement de Louis XVI : Ministère de Turgot.**
—	**	Première institution pour les Jeunes Aveugles : système de lecture.
	**	Premier télégraphe électrique.
1775		**Entreprises et travaux du pape Pie VI.**
1776		**Guerre de l'Indépendance des Etats-Unis :**
		(Saratoga, Ouessant, York-town.)
1778	**	**Combat d'Ouessant.**
—	**	**Ministère de Necker en France.**
1781		**Capitulation des Anglais à York-Town.**
1783	**	**Traité de Versailles : Indépendance des Etats-Unis.**
—	**	Invention des Montgolfières ou aérostats.
1786	**	Invention de l'éclairage au gaz.
1787		**Soumission de la Crimée à la Russie.**
—		**Fondation de Kerson et de Ekaterinoslav.**
—		**Fondation de Sydney.**
1789		Origine des chemins de fer ou rail-ways.
—		**Constitution des Etats-Unis.**
—	**	**Dernière convocation des Etats-Généraux en France.**
—	**	Origine de la Révolution française.
—		**Fin de l'histoire moderne.**

QUATRIÈME PARTIE

HISTOIRE CONTEMPORAINE

De l'an 1789 à l'an 1884 après J.-C.

18e siècle.
Troisième Partie : de 1789 à 1800.
WILLIAM PITT.

****FRANCE** . . . .   **LOUIS XVI.** — *MARIE-ANTOINETTE.* — *Elisabeth.*
Louis XVII. — **D'Orléans Égalité.**
NECKER. — **Bailly.** — **LAFAYETTE.** — **Maury.**
MIRABEAU. — **TALLEYRAND.** — **Sieyès.**
Vergniaud. — **Dumouriez.** — **Rolland.**
Camille Desmoulins. — **Robespierre.** — **Danton.**
Marat. — **Hébert.** — **CARNOT.**
LA ROCHEJAQUELEIN. — **CHARETTE.**
Lamballe. — *Ch. Corday.* — *Roland.*
Sombreuil. — *Cazotte.* — *Tallien.*
Kellermann. — **Duc de Chartres.**
KLÉBER. — **Marceau.**
Jourdan. — **HOCHE.** — **Pichegru.**
BONAPARTE. — **MOREAU.** — **Joubert.** — **Masséna.**
Macdonald. — **Augereau.** — **Berthier.**
D'Entrecasteaux.
Poètes : **Joseph Chénier.** — **Collin d'Harleville.**
Orateurs : **MIRABEAU.** — **Maury.** — **Sieyès.**
Philosophe : **Volney.**
Historiens : **Anquetil.** — *Roland.*
Peintre : **Hugues Robert.**
Graveur : **Boissieu.**
Naturaliste : **Lacépède.**
Médecin et physiologiste : **Cabanis.**
Chimistes : **Fourcroy.** — **Berthollet** (Savoie).
Géomètres : **Delambre.** — **Méchain.**
Mécanicien et inventeur : **Chappe.**
ANGLETERRE . . .   **Georges III.** — **WILLIAM PITT.** — **NELSON.**
MUNGO PARCK.
Vancouver. — **Mackensie.**
ESPAGNE . . . . . .   **Charles IV.** — **Manuel Godoï.** — *Marie-Louise de Parme.*
Quadra.
ITALIE . . . .   **Pie VI.**
Musicien : **Cimarosa.**
ALLEMAGNE . . . .   **Léopold.** — **Brunswick.** — **François II.**
Lithographe : **Senefelder** (inventeur).
PRUSSE . . . .   **Frédéric-Guillaume II.**
Savant : **Alexandre de HUMBOLDT.**
RUSSIE . . . .   **Paul Ier.** — **SOUWAROFF.**
POLOGNE . . . . . .   **KOSCIUSKO.** — **Dombrowski.**
INDES . . . .   **Tippo-Saëb.** — Major **Martin** (français).
HAÏTI . . . .   **Mayaca.**

Révolution Française: Réformes Sociales et Gouvernementales.
Excès et Conquêtes de la République Française.
Premières Explorations dans l'intérieur de l'Afrique.

1789 ** **Exploration anglaise en Nigritie.**
— ** **Assemblée nationale ou Constituante en France :**
— ** Prise de la Bastille (14 juillet). — Mémorable séance du 4 août.
1790 ** **Constitution civile du clergé.**—Fête de la Fédération (14 juillet).
— ** Division de la France en départements.
— Guerre de Tippo-Saëb contre les Anglais.
1791 ** **Monarchie française constitutionnelle et représentative.**
— ** **Assemblée législative: parti Girondin;**
— ** Persécution contre les prêtres non assermentés.
1792 ** **Insurrections contre Louis XVI** (20 juin et 10 août).
— ** **Captivité de Louis XVI** et de sa famille : **Commune de Paris.**
— ** Manifeste du duc Brunswick : triple alliance contre la France.
— ** **Prise de Longwy et de Verdun par les Prussiens.**
— ** Massacres de septembre à Paris.
— ** **Bataille de Valmy,** retraite des Prussiens.
— ** **Convention Nationale : parti Montagnard.**
— ** **République Française** (22 septembre).
— ** **Bataille de Jemmapes :** 1re conquête de la Belgique par la France.
** Perfectionnement du télégraphe aérien.
1793 ** **Jugement, condamnation, mort de Louis XVI** (21 janvier).
— ** **Première coalition contre la France :**
** Bataille de Nervinde : la France perd la Belgique.
— ** **Constitution française de l'An I** ou de 1793.
— ** **Règne de la Terreur ; soulèvement de la Vendée.**
— ** Résistance et siège de Lyon. — Résistance et siège de Toulon.
— ** Impiété révolutionnaire, **Culte de la Raison,** Calendrier républicain.
— ** **Bataille de Fleurus :** deuxième conquête de la Belgique par la France.
— ** **Soulèvement des Noirs d'Haïti :** massacre des Blancs.
1794 ** Mort de Robespierre, fin de la Terreur (9 thermidor ou 27 juillet).
1795 ** **Création du système métrique** en France.
— ** **Conquête de la Hollande** par les Français : République Batave.
— ** **Constitution française de l'an III : Le Directoire.**
1796 ** **Première campagne d'Italie et d'Allemagne** par les Français :
** Belle retraite de Moreau.
— ** **Batailles de Montenotte, Mondovi, Arcole, Rivoli, etc.**
— Invention de la Lithographie.
1797 ** République Cisalpine.
— ** **Fin de la République de Venise.** — République Ligurienne.
— ** **Traité de Campo-Formio :**
— ** Fin de la première coalition, le Rhin limite de la France.
— ** République Romaine, République Helvétique, Genève à la France.
1798 ** **Campagne d'Egypte par les Français :**
— ** **Batailles des Pyramides et d'Aboukir.**
— ** **Deuxième coalition contre la France :** Rép. Parthénopéenne,
— ** Batailles de la Trébie, de Novi, de **Zurich.**
1799 ** **Campagne de Syrie** par les Français :
— ** **Prise de Jaffa,** bataille du Mont-Thabor.
— * Captivité et mort de Pie VI.
— ** **Constitution française de l'An VIII : Le Consulat.**
— ** Organisation départementale de la France.
— **Siège de Seringapatam par les Anglais.**
1800 ** **Seconde campagne d'Italie et d'Allemagne** par les Français :
— ** **Batailles de Montebello, Marengo, Hohenlinden.**
— L'Irlande incorporée à l'Angleterre et à l'Ecosse : parlement impérial.

19e siècle.
Première Partie : de 1801 à 1815.
NAPOLÉON.

FRANCE	**MAPOLÉON Ier**. — *JOSÉPHINE*. — *Marie-Louise*.
	Eugène Beauharnais. — *Hortense*. — *Campan*.
	Marmont. — **NEY**. — Davoust. — Lannes. — Junot.
	Bernadotte. — Leclerc. — **Murat**.
	Poètes : **Millevoye**. — **Legouvé**. — Tragédien : **TALMA**.
	Historiens : **Napoléon**. — *D'Abrantès*. — *Campan*.
	Philosophes : **CHATEAUBRIAND** (Apologiste).
	» **MAINE DE BIRAN**. — *STAEL*.
	Littérateur grammairien : **Noël**.
	Enseignement : L'Abbé **Gautier**.
	Peintres : **GIRODET**. — Gros. — Gérard.
	Sculpteurs : **Lemot**. — **Rude**.
	Naturaliste et géologue : **CUVIER**.
	Physicien : **GAY-LUSSAC**.
	Mécanicien-tisseur : **JACQUART**.
	Manufacturiers : **Richard Lenoir**. — **Ternaux**.
ANGLETERRE	Pitt. — Fox. — Nelson.
	WELLINGTON. — **PALMERSTON**.
	Chimistes : **Davy**. — **Dalton**.
ÉCOSSE	Romancier : **WALTER SCOTT**.
ESPAGNE	Charles IV. — Ferdinand VII.
	Joseph Bonaparte.
PORTUGAL	Jean VI.
ITALIE	Pie VII. — Joseph Bonaparte. — Murat.
	Physicien : **VOLTA**.
ALLEMAGNE	François II (Ier en Autriche). — Schwartzenberg.
	METTERNICH.
	Musicien : Beethoven.
PRUSSE	Frédéric-Guillaume III. — *Louise Amélie*. — Blücher.
	Conteur : **Hoffmann**.
PAYS-BAS	Guillaume Ier (roi).
SUÈDE	Gustave IV. — Charles XIII.
DANEMARK	Frédéric VI.
	Musicien : **WEBER**.
RUSSIE	Alexandre Ier. — Rostopschin. — Nesselrode.
	Constantin.
	Style épistolaire : *Schwetchine*.
POLOGNE	Joseph Poniatowski.
ÉGYPTE	**MÉHÉMET-ALI**.
ÉTATS-UNIS	Physicien et Mécanicien : **FULTON**.
HAÏTI	**TOUSSAINT LOUVERTURE**. — Dessalines.
AMÉRIQUE MÉRID.	**BOLIVAR**.

Premier Empire Français : Coalitions contre Napoléon.
Navigation à Vapeur. — Progrès de la Géologie.

1801 ** **Concordat entre Pie VII et Bonaparte.**
1802 ** **Traité d'Amiens**: Fin de la seconde coalition.
— ** **Code Napoléon. — Routes du Simplon et du Mont-Cenis.**
1803 ** Indépendance d'Haïti.
1804 ** **Constitution française de l'an XII : l'Empire ;**
— ** **Napoléon 1er, empereur des Français** (roi d'Italie en 1805).
 ** Prospérité des travaux publics, des sciences, des arts.
1805 ** **Troisième coalition contre la France** (première contre Napoléon).
— ** **Troisième Campagne d'Allemagne** par les Français :
-- ** Capitulation d'Ulm. — Napoléon à Vienne. — **Bataille d'Austerlitz.**
— ** Combat de Trafalgar.
— ** **Traité de Presbourg**: Fin de la troisième coalition.
Fin de l'Empire d'Allemagne ; **Empire d'Autriche** : François Ier.
1806 ** **Quatrième coalition contre la France** (seconde contre Napoléon):
1807 ** **Première campagne de Prusse** par les Français :
— ** **Batailles d'Eylau et de Friedland** : entrée de Napoléon à Berlin.
— ** Bombardement de Copenhague par les Anglais.
 ** **Traité de Tilsit** : Fin de la quatrième coalition.
1808 ** **Occupation du Portugal** par les Français.
— ** **Campagne d'Espagne** par les Français :
— ** **Batailles de Burgos, Espinosa, Tudela ;**
— ** **Siège de Sarragosse** ; entrée de Napoléon à Madrid.
— Construction et adoption des bateaux à vapeur.
1809 ** **Cinquième coalition contre la France** (troisième contre Napoléon)
— ** **Quatrième campagne d'Allemagne** par les Français :
— ** **Batailles d'Eckmuhl, de Wagram, d'Essling ;**
— ** Deuxième entrée de Napoléon à Vienne.
— ** **Traité de Vienne** : Fin de la cinquième coalition.
— ** **Rupture entre Pie VII et Napoléon** : Captivité du Pape.
1810 ** **Divorce de Napoléon** : Son mariage avec Marie-Louise d'Autriche.
 Guerre de l'Indépendance dans l'Amérique du Sud.
1811 ** **Extension de l'Empire Français** : 130 départements.
— Puissance de Méhémet-Ali en Egypte ; massacre des Mamelucks.
1812 ** **Campagne de Russie** par les Français :
— ** **Batailles de Smolensk et de la Moscowa ;**
— ** Incendie de Moscou ; entrée de Napoléon. Retraite désastreuse des Français.
1813 ** **Sixième coalition contre la France** (quatrième contre Napoléon).
— ** **Deuxième campagne de Prusse** par les Français :
— ** **Batailles de Lutzen, Bautzen, Leipsik.**
1814 ** **Campagne de France** par les Alliés :
— ** **Batailles de Brienne, Montmirail, Montereau.**
— ** **Première capitulation de Paris** : Première abdication de Napoléon.
— ** **Première restauration des Bourbons** : Louis XVIII.
— ** Charte Constitutionnelle donnée à la France.
— ** **Premier traité de Paris** : Fin de la sixième coalition.
— **Congrès de Vienne** : Rétablissement de l'équilibre européen.
— * Rétablissement de l'Ordre des Jésuites.
1815 ** **Retour de Napoléon en France : Règne des Cent-Jours.**
— ** **Septième coalition contre la France** (cinquième contre Napoléon).
— ** **Campagne de Belgique** par les Français :
— ** **Batailles de Ligny et de Waterloo.**
— ** **Deuxième capitulation de Paris** ; 2e abdication de Napoléon.
— ** **Captivité de Napoléon à Sainte-Hélène.**
— ** **Deuxième traité de Paris** : Fin de la septième coalition ;
— Confédération germanique. — Royaume autrichien-lombard-vénitien.

19e siècle.
Deuxième Partie : de 1816 à 1830.
BOLIVAR.

****FRANCE** . . . . **LOUIS XVIII. — Duc de RICHELIEU. — Decazes.**
Charles X. — De Villèle. — **Martignac.** — **Polignac.**
De Rigny. — **Bourmont.** — **Duperré.**
CAILLIÉ. — Freycinet.
Poètes : **LAMARTINE. — VICTOR HUGO.**
    »   Casimir Delavigne.—**BÉRANGER** (chansonnier).
Littérateur : **VILLEMAIN.**
Orateurs : Frayssinous. — **BERRYER.**
    »   **Foy.** — C. Jordan.
Historiens : **Michaud.** — De Barante.
Philosophes : **COUSIN.** — Lamennais.
    »   Jouffroy. — **DE BONALD.**
Romanciers : **Charles-Nodier.** — *Sophie Gay.*
Grammairien : **Laveaux.**
Géographes : **Mentelle.** — Barbié du Bocage.
Egyptologue : **CHAMPOLLION.**
Sculpteur : **PRADIER.**
Peintres : Charles Vernet. — Léopold **ROBERT.**
    »   **ARY-SCHEFFER** (Hollandais).
Musiciens : **BOIELDIEU.** — Lesueur. — *Loïsa Puget.*
Physiciens : Niepce et **DAGUERRE.**
    »   **AMPÈRE. — FRESNEL.**
Ingénieur : **Seguin.**
Chimistes : **THÉNARD.**
Minéralogiste : **BEUDANT.**
Chirurgien : **DUPUYTREN.**
ANGLETERRE . . . **Parry.** — **Franklin.**
Georges IV. — ROBERT PEEL. — Lord **Byron.**
Poète : **LORD BYRON.**
Physicien-mécanicien : **STEPHENSON.**
IRLANDE . . . . **O'CONNEL.**
PORTUGAL . . . . . . *DONA MARIA.* — Don **Miguel.**
ITALIE . . . . **Ferdinand IV** (ou Ier). — **Pépé.**
Ferdinand II. — Santa-Rosa.
Historien : **SISMONDI.**
Sculpteur : **CANOVA.**
Musiciens : **CHÉRUBINI.** — Bellini.
ÉTATS-SARDES . . **Victor-Emmanuel Ier.** — Silvio **Pellico.**
Philosophes : **JOSEPH DE MAISTRE.** — Silvio **Pellico.**
Romancier : **Xavier de Maistre.**
ALLEMAGNE . . . . Poète : **Kotzebuë.** — Musicien : **Hummel.**
SUISSE . . . . Chimiste : **TH. DE SAUSSURE** (chimie végétale).
SUÈDE . . . . **Charles XIV (Bernadotte).**
DANEMARK . . . . . Géographe : **Maltebrun.**
RUSSIE . . . . **Nicolas Ier.**
TURQUIE . . . . **Mahmoud II. — YPSILANTI** (Grec).
GRÈCE . . . . **Mavrocordato. — BOTZARIS. — KANARIS.**
MIAULIS. — Capo-d'Istria.
PERSE . . . . **Feth-Ali-Shah.**
ÉGYPTE . . . . **Ibrahim.**
MEXIQUE . . . . . . **Augustin Ier (Iturbide).** — Santa-Anna.
AMÉRIQUE MÉRID. **BOLIVAR.** — Sucre.
OCÉANIE . . . . **Kamehameha** (Iles Sandwich).

Monarchies Constitutionnelles en Europe.
Indépendance de la Grèce et des Colonies Espagnoles.
Sociétés Secrètes. — Chemins de Fer.

1816	**Indépendance du Rio de La Plata.**
—	* * Voyage de Freycinet autour du monde.
—	**Extension et influence des Sociétés secrètes :**
—	La Franc-Maçonnerie et le Carbonarisme.
1818	* * **Congrès d'Aix-la-Chapelle.**
—	* * Fin de l'occupation étrangère en France.
—	**Famille Bernadotte en Suède :** Charles XIV ;
—	Sage gouvernement de ce prince.
—	**Indépendance du Chili.**
—	Soumission des Etats Mahrattes aux Anglais.
1819	Acquisition de la Floride par les Etats-Unis.
1820	**Insurrections à Naples et dans toute l'Italie :**
—	Lutte des Constitutionnels et des Absolutistes en Espagne.
—	**Indépendance de la Nouvelle-Grenade.**
—	**Indépendance du Pérou et du Mexique.**
—	Civilisation des îles Sandwich.
—	* Persécution religieuse dans l'Indo-Chine (contre les catholiques).
—	**Conquête du Kordofan par les Égyptiens.**
—	* * Invention des phares lenticulaires.
1821	**Fondation de Liberia** pour les Nègres affranchis.
1822	* * **Congrès de Vérone** entre les cinq grandes puissances.
—	* **Famine et troubles en Irlande : Association catholique.**
—	**Indépendance du Brésil :** Pierre Ier de Bragance, Empereur.
—	**Congrès d'Epidaure. —** Pillage de Chio par les Turcs.
1823	**Indépendance du Guatemala.**
—	* * Intervention de la France en Espagne :
—	* * Prise du Trocadéro ; capitulation de Cadix.
—	* Origine de l'Œuvre de la Propagation de la Foi.
1824	**Siège de Missolonghi par les Turcs ;** héroïsme des habitants ;
—	**Exploits de Botzaris, de Kanaris, de Miaulis.**
—	Dévouement de lord Byron à la cause des Grecs.
—	**Indépendance de la Bolivie.**
1824	* * **Règne de Charles X en France :** Loi sur les Emigrés.
1825	Guerre des Anglais contre les Birmans ; acquisition de Malacca.
1826	Lutte des Chartistes et des Absolutistes en Portugal.
—	**Traité d'Akerman :** Emancipation des Provinces danubiennes.
1827	**Guerre de l'Indépendance de la Grèce :**
—	* * **Expédition franco-anglaise : Bataille de Navarin.**
—	**Traité d'Andrinople : Indépendance de la Grèce.**
—	Révolte et destruction des Janissaires.
—	* **Emancipation des Catholiques d'Angleterre.**
—	* * Explorations françaises dans la Nigritie.
—	**Création et adoption des chemins de fer.**
—	* * Invention du daguerréotype, ou photographie sur métal.
1828	Acquisition d'une partie de l'Arménie par les Russes.
—	**Indépendance de l'Uruguay.**
1830	* * **Expédition et conquête d'Alger par les Français.**
—	* * Mesures impopulaires de Charles X (ministère Polignac).
—	* * **Révolution de Juillet :** Chute de Charles X.

19e siècle.

Troisième Partie : de 1830 à 1850.

LOUIS-PHILIPPE.

FRANCE	**LOUIS-PHILIPPE.** — *Adélaïde.* — *Marie Amélie.*
	D'Orléans. — **Joinville.** — **D'Aumale.**
	CASIMIR PÉRIER. — **Thiers.** — **GUIZOT.**
	BUGEAUD. — **Danrémont.** — **VALÉE.** — **Lamoricière.**
	Baudin. — **CAVAIGNAC.** — **Oudinot.**
	Louis Napoléon. — **Lamartine.** — **Ledru-Rollin.**
	DUMONT D'URVILLE. — **MARIETTE BEY.** — **Botta.**
	OZANAM. — **Mgr Affre.**
	Poètes : **De Musset.** — **De Vigny.** — **SCRIBE.** — **Ponsard.**
	» *Desbordes Valmore.* — *De Girardin (D. Gay).*
	Tragédienne : *RACHEL.*
	Historiens : **AUGUSTIN THIERRY.** — **GUIZOT.**
	» **Thiers** — **Lamartine.** — **Michelet.**
	» **Mignet.** — **Henri Martin.**
	Orateurs : **LACORDAIRE.** — **DE RAVIGNAN.** — **DUPIN**
	Enseignement : **D. Lévi Alvarès.** — *Pape Carpantier.*
	Moralistes : **Aimé Martin.** — *Guizot.* — *De Ségur (contes).*
	Romanciers : **Alex. Dumas.** — **Balzac.** — **E. Sue.**
	Style épistolaire : *Eugénie de Guérin.*
	Peintres : **PAUL DÉLAROCHE.** — **Isabey.** — **Couture.**
	Dessinateur : **GRANVILLE** (caricaturiste).
	Sculpteurs : **DAVID D'ANGERS.** — *Marie d'Orléans.*
	» **Froment Meurice** (orfèvre).
	Musicien : **FÉLICIEN DAVID.**
	Typographe : **FIRMIN DIDOT.**
	Astronome : **ARAGO.**
	Géologue : **ELIE DE BEAUMONT.**
	Physicien : **FOUCAULT.**
	Chimistes : **Dumas.** — **Raspail.** — **Ruoltz.**
	Mécanicien-inventeur : **THIMONNIER.**
ANGLETERRE	**Georges IV.** — **Guillaume IV.** — *VICTORIA.* — **Ross.**
	Historien : **Lingard.**
IRLANDE	Poète et historien : **Thomas Moore.**
ÉCOSSE	Chimiste : **SIMPSON.**
ESPAGNE	*ISABELLE II.* — *Marie-Christine.* — **Espartero.** — **D. Carlos**
ITALIE	**Grégoire XVI.** — **PIE IX.** — **Rossi.**
	Mazzini. — **Garibaldi.** — **Manin.**
	Musicien : **DONIZETTI.**
ÉTATS-SARDES	**Charles-Albert.**
AUTRICHE	**Ferdinand Ier.** — **François-Joseph.** — **RADETZKI.**
	KOSSUTH. — **Batthiany.**
ALLEMAGNE	**Louis Ier de Bavière.**
PRUSSE	Musiciens : **MEYERBEER.** — **MENDELSSOHN.**
BELGIQUE	**Léopold Ier.** — *Louise d'Orléans.*
RUSSIE	**Nicolas Ier.** — **SCHAMYL** (Caucase).
	Physicien : **Jacobi.**
TURQUIE	**Abdul Medjid.**
GRÈCE	**Othon de Bavière.** — *Amélie d'Oldenbourg.*
ALGÉRIE	**ABD-EL-KADER.**
ÉTATS-UNIS	**JACKSON.**
	Romancier : **Fenimore Cooper.**
	Physicien : **MORSE.** — Chimiste : **Jackson** de Boston.
HAÏTI	**Faustin Ier** (Sonlouque).
OCÉANIE	*Pomaré* (Taïti).

Colonisation et Civilisation de l'Algérie. — Question d'Orient : Affaiblissement de la Turquie. — Constitutions libérales en Europe. — Applications diverses de l'Électricité.

1830 ** **Famille des Bourbon-Orléans en France** : Louis-Philippe 1ᵉʳ.
— Soulèvement et revers des Polonais : **Bombardement de Varsovie.**
— ** Invention de la machine à coudre.
1831 ** **Prise d'Oran par les Français.**
— **Royaume de Belgique** : Léopold Iᵉʳ de Saxe-Cobourg.
1832 ** **Prise de Bône par les Français.**
— ** Mort du duc de Reichstadt (Napoléon II).
1833 **Guerre de Méhémet-Ali contre la Turquie** ; bataille de Nésib.
— Constitution très libérale en Belgique ; prospérité sous Léopold.
1834 Abolition définitive de l'esclavage dans les colonies anglaises.
— ** **Prospérité matérielle de la France sous Louis-Philippe** :
— ** **Doctrines socialistes et communistes en France** ; émeutes.
— * Création de la Société de Saint Vincent de Paul.
1835 **Dictature de Rosas à Buenos-Ayres.**
1837 ** **Prise de Constantine par les Français.**
1838 ** **Guerre entre la France et le Mexique** :
— ** Bombardement de Saint-Jean-d'Ulloa.
1839 **Longue guerre entre le Caucase et les Russes** :
Exploits de Schamyl pendant vingt ans.
1840 ** **Guerre sainte proclamée en Algérie par Abd-el-Kader.**
— **Quadruple alliance pour la pacification de l'Orient** :
Bombardement de Saint-Jean-d'Acre et de Beyrouth par les Anglais.
1841 **Siège de Montevideo** par Rosas : Dix ans de résistance.
— **Traité des Détroits** imposé au sultan ;
1842 ** **Mayotte, les Marquises, le protectorat de Taïti à la France.**
— ** Prise de la smala d'Abd-el-Kader.
— **Traité de Nanking** : Hong-Kong aux Anglais.
1843 **Exploration des monts Rocheux et des monts Neigeux.**
— ** **Découverte des ruines de Ninive** ; Musée Assyrien de Paris.
1844 ** **Guerre entre la France et le Maroc** :
— ** **Bombardement de Tanger et de Mogador ; bataille d'Isly.**
— ** Premiers essais d'éclairage électrique.
1846 Révolution d'Haïti : deux républiques. — Empire éphémère de Faustin Iᵉʳ.
— Découverte des anesthésiques.
1847 ** **Captivité d'Abd-el-Kader en France.**
— **Guerre entre les États-Unis et le Mexique** :
— Le N. Mexique et la Nouvelle-Californie aux États-Unis.
— **Election de Pie IX** : réformes, amnistie, enthousiasme.
1848 ** Révolution à Paris : **Chute de Louis-Philippe, Iᵉʳ**
— ** **Deuxième république française.**
— ** **Terrible insurrection à Paris ; Contre-coup en Europe** :
— **Révolutions et constitutions libérales.**
— **Emeute à Rome : triumvirat révolutionnaire** ; le Pape à Gaëte.
— ** Abolition définitive de l'esclavage dans les colonies françaises.
1849 **Soulèvement des Hongrois** : dictature de Kossuth.
— **Guerre des Indes** : Le Pendjab aux Anglais.
— Soulèvement de la Lombardie et de Venise contre l'Autriche.
— **Batailles de Custozza et de Novare** :
— ** **Expédition française à Rome** : retour de Pie IX.
1850 ** **Découverte des ruines de Memphis** : Musée de Boulacq.
— ** **Loi Grammont** : Punition des mauvais traitements envers les animaux

19e siècle.

Quatrième Partie : de 1851 à 1860.

NAPOLÉON III.

FRANCE....... **NAPOLÉON III.** — *EUGÉNIE DE GUZMAN.*
Saint-Arnaud. — **PÉLISSIER.** — **Canrobert.**
Baraguay-d'Hilliers. — **MAC-MAHON.** — **Niel.**
Cousin de Montauban. — **Randon.**
Rigault de Genouilly. — **Beaufort d'Hautpoul.**
Poètes : **Houssaye.** — **Augier.** — *Lesguillon.* — *Ségalas.*
Historiens : **MONTALEMBERT.** — **Louis Blanc.**
    »   **D. Guéranger.**
Orateurs : Montalembert. — **DUPANLOUP.**
Grammairiens : **Bescherelles.** — **Poitevin.**
Romanciers : **Legouvé.** — *GEORGES SAND.*
Style épistolaire : *Récamier.*
Peintres : **DELACROIX.** — **INGRES.**
    »   **HORACE VERNET.** — Hipp. **FLANDRIN.**
    »   **COIGNET.** — **Chenavard.**
Dessinateurs : **Gavarni.** — **Cham.** (Caricaturistes).
Antiquaire : **DE SAULCY.**
Typographe : **L. PERRIN.**
Musicien : **AUBER.**
Naturalistes : **Quatrefages.** — **Mulsant.**
Physiologiste : **Claude BERNARD.**
Chimiste : **Guimet** (père).
Physicien : **MOIGNO.**
Astronome : **LEVERRIER.**
ANGLETERRE... **Palmerston.** — **CAMPBELL.**
NAPIER. — **RAGLAN.**
Burton. — **Speke.** — **MAC-CLURE.** — **Kane.**
ÉCOSSE........ **LIVINGSTONE.**
ITALIE....... **Pie IX.** — **Antonelli.** — **Ferdinand II.** — **François II.**
Charles III de Parme. — *Louise de Bourbon.*
Historien : **Cantu.**
Orateur : **P. VENTURA.**
Musiciens : **ROSSINI.** — **VERDI.** — **Mercadante.**
ÉTATS-SARDES.. **Victor-Emmanuel II.** — **CAVOUR.** — **La Marmora.**
Cialdini.
ALLEMAGNE .... Chimistes : **BUNSEN.** — Fondeur : **KRUPP** (prussien).
SUISSE .... Naturalistes : **De Candolle** — **Agassiz.**
BELGIQUE...... Romancier : **Henri Conscience.**
RUSSIE....... **Alexandre II.** — **TOTLEBEN.** — **GORDSCHAKOFF.**
TURQUIE....... **Omer-Pacha.** — **Couza.**
ÉGYPTE........ **Saïd-Pacha.**
PERSE........ **NASSER-EL-DIN-SHAH.**
INDES......... **Nana-Saïb.**
ÉTATS-UNIS.... Mécanicien : **Elias Howe.**

Second Empire Français.
Première Exposition Internationale.
L'Extrême-Orient ouvert aux Etrangers. — Unité Italienne.

1851	**Explorations anglaises dans l'Afrique australe** (1851 à 1858).
—	**Découverte du Passage du Nord-Ouest.**
—	**Première Exposition Internationale** (Londres : Palais de Cristal).
—	ʰ ⸱ **Exploration des ruines de Babylone.**
—	Origine de l'Association ouvrière et secrète dite l'**Internationale.**
1852	⸱⸱ **Second empire français : règne de Napoléon III** :
—	⸱⸱ Embellissements de Paris et des principales villes de France.
—	⸱⸱ Prospérité agricole et industrielle ; Etablissements de crédit.
—	Nouvelle guerre des Anglais en Birmanie : conquêtes.
—	**Question des Lieux Saints** : bataille de Sinope, siège de Silistrie.
1853	⸱⸱ Occupation de la Nouvelle-Calédonie par les Français.
1854	⸱⸱ **Guerre de Crimée** : alliance franco-anglaise contre la Russie :
—	⸱⸱ **Prise de Bomarsund ;**
—	⸱⸱ **Batailles de l'Alma et d'Inkermann.**
—	Assassinat du duc de Parme ; *régence de Louise de Bourbon.*
—	⸱ **Dix-neuvième Concile Œcuménique : Concile de Rome.**
—	Découverte d'une mer libre au nord de l'Amérique.
1855	⸱⸱ **Suite de la guerre de Crimée : Prise de Sébastopol.**
—	⸱⸱ **Traité de Paris** : Fin de la guerre de Crimée.
1857	**Soulèvement des Indes contre les Anglais :**
—	**Bataille de Cawnpore, Prise de Luchnow** par les Anglais ;
—	Admission des Indiens aux emplois publics ;
—	⸱⸱ **Soumission de la grande Kabylie aux Français.**
1858	⸱⸱ **Première expédition franco-anglaise contre la Chine :**
—	⸱⸱ **Prise de canton et de Peï-Ho ; traité de Tien-Tsin :**
—	La Chine et le Japon ouverts aux Européens et aux Américains.
—	**Fondation de Yokohama.**
—	Acquisition du territoire de l'Amour par les Russes.
—	**Découverte des grands lacs de l'Afrique centrale.**
—	Découverte des gisements de pétrole de l'Amérique du Nord.
1859	**Captivité de Schamyl** : Fin de la guerre du Caucase.
—	⸱⸱ **Guerre d'Italie** : Alliance franco-sarde contre l'Autriche :
—	⸱⸱ **Batailles de Montebello, Palestro, Magenta, Solferino ;**
—	**Traité de Zurich : La Lombardie aux États sardes.**
—	⸱⸱ **Expédition franco-espagnol dans l'Indo-Chine :**
1860	⸱⸱ **Prise de Saïgon** par les Français.
—	⸱⸱ **Annexion de Nice et de la Savoie à la France.**
—	⸱ Missions catholiques dans l'Afrique occidentale.
—	⸱ Massacre des Maronites par les Druses ; générosité d'Abd-el-Kader.
—	⸱⸱ Expédition française en Syrie.
—	**Découverte du cours supérieur du Nil Blanc.**
—	**Règne prospère et civilisateur de Nesser-el-Din en Perse.**
—	Terrible organisation du **Nihillisme.**
—	⸱⸱ **Deuxième expédition franco-anglaise en Chine :**
—	⸱⸱ **Prise de Péking et de Palikao : traité de Péking.**
—	**Annexion de l'Émilie et de la Toscane aux États sardes.**
—	**Expédition révolutionnaire de Garibaldi** pour le Piémont :
—	Prise de Palerme et de Messine ; entrée à Naples.
—	⸱ **Expédition piémontaise dans les Etats de l'Eglise :**
—	Bataille de Castelfidardo. — Bombardement d'Ancône ;
—	Prise des Marches, de l'Ombrie, de Naples, de Gaëte.
(1861)	**Proclamation du royaume d'Italie, capitale Turin.**

19e siècle.

Première Partie : de 1861 à 1880.
BISMARK.

****FRANCE**	**Napoléon III. — De Failly. — Forey. — Bazaine. Faidherbe. — Bourbaki. — D'Aurelles. — Chanzy. Denfert. — Charette. THIERS. — Mac-Mahon. — Gambetta. J. Simon. — J. Ferry. DE LESSEPS. — Fr. GARNIER.**

Poètes : **Th. Gauthier. — De Laprade. —** *Tastu.*
Philosophe et moraliste : **BOUGAUD.**
Orateurs : **JULES FAVRE. — ROUHER.**
     »   **P. FÉLIX. — P. MONSABRÉ.**
     »   **P. Hyacinthe** (Loyson).
Théologien : **P. GRATRY.** — Polémiste : **VEUILLOT.**
Philologue : **LITTRÉ.**
Archéologue : **Paul Lacroix** (bibliophile Jacob).
Peintres : **MEISSONNIER. — Corot. — G. DORÉ.**
     »   **SAINT-JEAN. —** *ROSA BONHEUR.*
Sculpteurs : **Carpeaux. — Bonnassieux.**
Architecte : **GARNIER.** — Ingénieur : **Alphand.**
Géographes : **JOANNE. — Cortambert.**
Chimiste : **PASTEUR.**
Naturaliste : **Cariot.** — Physiologiste : **Paul Bert.**
Médecins : **BROCA. — OLLIER.**

ANGLETERRE...	**Lord Derby. —L. Beaconsfield** (Disraéli). **— Wolseley. BAKER. — NARÈS.** Naturaliste : **Darwin.**
ESPAGNE......	**Alphonse XII.**
ITALIE........	**Léon XIII. — Humbert Ier.** Astronome : **P. SECCHI.**
SUISSE........	Orateur : **Mgr MERMILLOD.**
AUTRICHE.....	**Albert** (archiduc). Musicien : **LISTZ.**
ALLEMAGNE	Musicien : **WAGNER.**
BELGIQUE.....	**Léopold II.** — Physicien : **PLATEAU.**
PRUSSE........	**Guillaume Ier. — BISMARK. — DE MOLTKE. Frédéric-Charles. — Werder. — Manteuffel.**
DANEMARK.....	**Christian IX.**
SUÈDE........	**Charles XV. — Oscar II. — NORDENSKIOLD.**
RUSSIE........	**Tchernaïeff. — IGNATIEFF. Skobeleff. — Kauffmann.** Ingénieur : **Jablochkoff** (inventeur).
TURQUIE......	**Abdul-Azis. —Abdul-Hamid II. —OSMAN-PACHA.**
ÉGYPTE.......	**Ismaïl-Pacha.**
INDO-CHINE....	**Tu-Duc.**
ÉTATS-UNIS....	**LINCOLN. — Mac-Clellan. — Grant. — Lee. STANLEY.** Physicien : **GRAHAM-BELL.**
MEXIQUE.......	**Miramon. — Juarès. Maximilien. —** *Charlotte Saxe-Cobourg.*

Puissance de la Prusse : Deuxième Empire d'Allemagne.
Nouvelles Voies de Communication :
Canaux Maritimes et Tunnels.

1861   Guerre de sécession ou de l'esclavage aux Etats-Unis :
—   Batailles de **Bulls'run, Pittsburg** (1862), **Chattanoga** (1863).
1862   Emancipation des serfs de la Russie.
—   ** **Expédition française dans l'Indo-Chine ;**
—   ** Traité de Saïgon : **Cochinchine française.**
1862 ** **Guerre du Mexique** : Expédition franco-anglo-espagnole ;
1863 ** **Prise de Puebla et de Mexico par les Français ;**
—   Maximilien d'Autriche, empereur du Mexique ;
—   Invention du téléphone.
—   **Soulèvement général en Pologne** : Revers, persécutions.
—   Annexion des îles Ioniennes à la Grèce.
—   **Famille de Sonderbourg en Danemark** : Christian IX.
1864   **Confédération du Canada.**
—   **Florence capitale de l'Italie.**
—   **Guerre du Danemark.** — Héroïque défense de Duppel.
—   **Découverte des sources du Nil.**
1865   Association secrète des **Fenians** (Irlandais d'Amérique et d'Europe).
—   **Conquêtes des Russes dans le Turkestan.**
—   **Fin de la guerre des Etats-Unis : abolition de l'esclavage ;**
1866   Guerre entre la Prusse et l'Autriche :
—   **Batailles de Sadowa, Lissa, Custozza ;**
—   **Prise de Francfort par les Prussiens.**
—   **Traité de Prague** : le Hanovre, le Holstein, le Sleswig à la Prusse.
—   **Venise réunie à l'Italie.**
—   ** **Exploration française dans l'Indo-Chine.**
—   Lutte héroïque du Paraguay contre le Brésil, l'Urugay et la Plata.
—   **Pose du premier câble transatlantique** par les Anglais.
1867   Expédition de Garibaldi contre Rome : **Bataille de Mentana.**
—   Acquisition de l'Amérique russe par les Etats-Unis.
1868   **Révolution et civilisation rapide du Japon.**
1869   **Inauguration du Chemin de fer du Pacifique.**
—   ** **Inauguration du Canal de Suez.**
1870   * **Vingtième Concile Œcuménique : Concile du Vatican.**
—   ** **Guerre de la Prusse contre la France :**
—   ** **Batailles de Reichoffen, Forbach, Sédan ;**
—   ** Chute de l'Empire : **Troisième République française** (4 septembre).
—   ** Les Allemands au cœur de la France :
—   ** **Batailles de Coulmiers et du Mans.**
—   ** **Capitulations de Strasbourg et de Metz** ; défense de Belfort.
—   * **Rome capitale de l'Italie** : le Pape se retire au Vatican.
1871 ** Le roi de Prusse à Versailles : **Second empire d'Allemagne.**
—   ** **Capitulation de Paris ;**
—   ** **Traité de Francfort : L'Alsace-Lorraine à la Prusse.**
—   ** **Commune de Paris** : Incendies, massacre des otages.
—   ** **Tunnel du Mont-Cenis** (col de Fréjus).
1874   **Conquête du Darfour par l'Egypte ;**
1876   **Exploration polaire jusqu'à 83° latitude nord.**
—   *Victoria impératrice des Indes.*
1877   **Soulèvement des Bulgares : Bataille de Plewna.**
—   **Traité de Berlin : Indépendance des provinces danubiennes.**
1878   **Découverte du passage du Nord-Est.**
1879   ** **Domination de la Franc-Maçonnerie dans le gouv. français.**
1880   **Tunnel du Mont Saint-Gothard.**
—   ** **Travaux pour le percement de l'isthme de Panama.**

19e siècle.
Sixième Partie : depuis 1881.

FRANCE . . . . **Osmond. — Saussier.**
Historien : **Duruy.**
Géographe : **Reclus.** Savant : **Arduin.**

ANGLETERRE . . . **L. Seymour.**

INDO-CHINE . . . . **Kien-Phuc.**

ÉGYPTE. . . . . **Tewfick-Pacha. — Arabi. — Cordon-Pacha** (Anglais).

SOUDAN . . . . **Le Madhi.**

TUNIS. . . . . **Mohammed-el-Sadock.**

TAÏTI . . . . **Pomaré V.**

Période Actuelle.

1881 ** **Cession de Taïti à la France.**
Tremblement de terre et destruction de Chio.
** **Expédition française en Tunisie;**
Traité du Bardo : Protectorat français.
La Servie érigée en royaume : Milano.
1882 Révolution en Egypte; intervention de l'Angleterre :
Bombardement d'Alexandrie.
1883 ** Guerre entre les Français et les Annamites Pavillons-Noirs ;
** Blocus de Hué ; Traité, réclamations de la Chine.
Tremblement de terre d'Ischia : ruine de Casamicciola.
** **Mort du Comte de Chambord,** dernier Bourbon direct de France.
Prise de Son-Taï (Annam) par les Français.
1884 Prédications du Madhi ou Messie mahométan : Soulèvement du Kordofan ;
Expédition Anglo-Egyptienne contre le Madhi.

ERRATA

Nous laissons au Professeur ou à l'Élève le soin d'ajouter quelques Astérisques
qui ont été omis aux pages 29, 39, 81 et 87.

Lyon — Imprimerie et Stéréotypie VITTE & PERRUSSEL, rue Sala, 58.

www.ingramcontent.com/pod-product-compliance
Lightning Source LLC
LaVergne TN
LVHW050846200726
843507LV00001B/455